QUATRE ANNÉES

DE

RÉPUBLIQUE

PAR

Eugène ROUX,

Rédacteur en Chef de l'*Echo de la Dordogne*.

PÉRIGUEUX,

DUPONT & Cie, RUES TAILLEFER ET DES FARGES.

—

1881.

QUATRE ANNÉES

DE RÉPUBLIQUE.

QUATRE ANNÉES

DE

RÉPUBLIQUE

PAR

Eugène ROUX,

Rédacteur en Chef de l'*Echo de la Dordogne*.

PÉRIGUEUX,

IMPRIMERIE DUPONT & Cie, RUES TAILLEFER ET DES FARGES

—

1881.

QUATRE ANNÉES

DE

RÉPUBLIQUE.

AVANT-PROPOS.

Le 21 août courant, le peuple français devra se réunir dans ses comices, à l'effet de choisir ceux qui, pour une nouvelle période de quatre ans, auront charge de conduire ses destinées.

Opération grave en tout temps, mais plus grave aujourd'hui que jamais !

Qu'est-ce, en effet, qu'une élection législative générale ? C'est la rentrée d'un pays, pour vingt-quatre heures, dans la pleine possession et dans la libre disposition de lui-même. Il redevient l'arbitre absolu de son sort. Il peut en reprendre le dépôt à ceux qui l'ont reçu jadis de sa confiance, et le remettre à de nouvelles mains, à un autre parti.

Une élection législative générale, c'est l'occasion pour un peuple de se prononcer sur la politique de son gouvernement : de l'approuver et de l'encourager, ou bien de la condamner et de la répudier ; et, tout en exprimant ainsi son sentiment sur le passé, de marquer sa volonté souveraine pour l'avenir.

La question va donc ainsi se poser devant nous tous, électeurs : avons-nous lieu d'être satisfaits de la République, telle qu'elle fonctionne depuis quatre ans ? Voulons-nous, oui ou non, qu'elle persévère dans ses agissements ?

Voilà ce que nous aurons à dire le 21 août. Voilà ce que nous devons, dès à présent, nous demander. C'est à méditer la réponse que notre conscience devra faire, c'est à la raisonner, c'est à la préciser et à la motiver que nous nous attacherons dans les quelques pages qui vont suivre.

**

L'importance du scrutin qui s'ouvrira le 21 août est d'autant plus grande que, malgré

l'existence nominale dans notre Constitutio
républicaine de trois pouvoirs distincts, inde
pendants, il n'y en a qu'un, en fait, aujou
d'hui, qui soit vivant, c'est celui de la chamb
des députés.

La chambre des députés, on peut le dire,
seule assumé, jusqu'à présent, la responsabili
de la marche actuelle de nos affaires ; ma
voici que cette marche des affaires est soumi
au jugement de l'électeur. S'il la sanctionn
— qu'il y songe ! — il en deviendra respo
sable à son tour : responsable pour le passé
responsable surtout pour l'avenir.

D'autant mieux que rarement il se se
trouvé dans des conditions plus favorabl
pour rendre son arrêt en connaissance d
cause. Il ne s'agit plus, en effet, comme a
16 mai 1877, d'une assemblée dissoute pre
que au début de sa carrière. La chambr
dont les pouvoirs viennent d'expirer, a e
sa durée normale ; elle a vécu quatre ans
nous avons donc eu le temps de la voir à l'œu
vre et de l'apprécier.

Puis, si la chambre dissoute en 1877 n'ava
pas eu sa complète liberté d'action, si parfo

elle avait (heureusement, du reste), été entra-
vée par le président de la République, qui était
alors le maréchal de Mac-Mahon, et par le
sénat, dont la majorité restait encore conservatrice, il n'en a pas été de même de celle
qu'il s'agit aujourd'hui de remplacer.

Le renouvellement sénatorial du 5 janvier
1879 et l'avènement de M. Jules Grévy ont
créé ce que l'on a, pendant quelque temps,
été convenu d'appeler l'*harmonie des pouvoirs*
et ce qu'il eût été plus juste de nommer leur
absorption par un seul. La chambre des députés est devenue omnipotente, ou à peu près.
Elle a, dès lors, manifesté librement ses aspirations et ses tendances, si bien, qu'il n'est
plus permis à personne de s'abuser sur son
compte.

Aussi, malgré la manœuvre à laquelle a re-
couru le gouvernement en brusquant les
élections, malgré le soin qu'il a pris de nous
laisser le moins de temps possible pour dé-
masquer sa funeste politique inspirée par la
chambre, nous sommes sans inquiétudes : la
lumière, faite déjà pour le plus grand nombre
des citoyens, se fera pleinement pour tous

d'ici au jour du scrutin, et le vote du 21 aoû
sera émis par la nation avec toute la réflexio
et toute la maturité que réclament les grave
intérêts qui en dépendent.

****

En parlant de l'importance de l'élection du
21 août, nous venons de nous placer à un
point de vue général, au point de vue d
l'ensemble des électeurs : disons maintenan
l'importance toute spéciale de cette électio
pour les conservateurs et particulièremen
pour les conservateurs de la Dordogne.

Les élections générales offrent au part
conservateur l'occasion de tenter la revanch
de ses deux précédentes défaites. Les vaincu
d'hier et d'aujourd'hui peuvent être les vain
queurs de demain. La minorité du 20 févrie
1876 et du 14 octobre 1877 peut, le 21 aoû
1881, être transformée en majorité.

Sans doute, on nous objectera que, d'aprè
toutes les apparences, cette éventualité ne s
réalisera point.

Mais d'abord les apparences sont souven

trompeuses, on le sait. Elles le sont surtout en pareille matière. Avec le suffrage universel, qui est la mobilité même, il n'y a point de surprises auxquelles on ne soit en droit de s'attendre.

En Angleterre, l'an passé, les tories, ayant à leur tête le cabinet Beaconsfield, ne semblaient-ils pas être en pleine possession de la popularité? Ils se croyaient inébranlables au pouvoir. Cependant, quand la nation fut consultée, elle conféra aux whigs une énorme majorité.

Si les prévisions électorales peuvent à ce point être démenties par les événements chez le peuple britannique, dont la ténacité est légendaire, comment seraient-elles plus sûres chez le peuple français, si renommé pour son inconstance et son amour du changement?

Et puis, un retour de fortune pour le parti conservateur est-il donc en ce moment aussi improbable qu'on affecte quelquefois de le dire? Nous ne le pensons pas.

Nos motifs de confiance sont nombreux ; ils sont fort sérieux, et le deviennent tous les jours davantage. Depuis quatre années, nos

adversaires ont commis trop de fautes, ils o[nt]
soulevé trop de haines, ils ont compromis [et]
menacé trop d'intérêts pour qu'il nous s[oit]
interdit d'espérer, pour le 21 août couran[t]
leur éclatant désaveu de la part de la n[a]-
tion.

N'oublions pas, d'ailleurs, qu'en 1877, al[ors]
que leurs forces étaient autrement unie[s]
autrement compactes qu'aujourd'hui ; al[ors]
qu'intransigeants, opportunistes et cent[re]
gauchers — oui, les centre-gauchers, do[nt]
beaucoup, désabusés maintenant, confondro[nt]
dans trois semaines, leurs bulletins de vo[te]
avec les nôtres, — alors, disons-nous, que to[ut]
cela ne faisait qu'un et se pliait avec u[n]
ensemble parfait à la direction du générali[s]-
sime M. Gambetta, ils l'emportèrent sur no[us]
seulement de quelques milliers de voix.

Il n'y a donc pas lieu pour les conservateu[rs]
d'être découragés : loin de là ! Eh ! qua[nd]
même, d'ailleurs, ils échoueraient dans le[ur]
tentative pour ressaisir la majorité, leu[rs]
efforts n'auront pas été perdus, s'ils réussi[s]-
sent à maintenir, dans la chambre, la vai[l]-
lante phalange qui forme l'opposition.

Oh ! nous savons bien que le président du conseil, M. Jules Ferry, la trouve gênante. Il a fait tout haut, un jour, à la tribune, ce beau rêve de tous les gouvernements despotiques : l'élimination complète des députés de la minorité. Il lui faut, à cet ancien contempteur des corps législatifs de l'Empire, il lui faut aussi ses *mamelucks*. Il lui faut une représentation nationale unanimement docile, unanimement soumise. En dépit du fameux adage : « Du choc des opinions jaillit la lumière, » il ne se sent aucun goût pour la contradiction et le contrôle, du moins quand c'est à lui de les subir. Une chambre qui tout entière dise *amen* à toutes ses conceptions, à toutes ses propositions ; une chambre dont les membres soient tous coulés dans le même moule, c'est-à-dire dans le moule opportuniste, voilà son idéal ! Mais ce ne peut être l'idéal du pays.

Le pays, en effet, ne méconnaît pas le rôle utile joué de tous temps par les oppositions : rôle utile d'abord pour le gouvernement, dont elles préviennent souvent les fautes en tenant constamment en éveil sa vigilance, soucieuse

de ne point donner prise à des incriminations
rôle utile encore et surtout pour les citoyens
notamment pour les contribuables, dont l'op
position est naturellement portée à surveille
et à défendre les intérêts avec un soin tou
particulièrement jaloux.

Au reste, la chambre ne doit-elle pas êtr
l'image du pays? Puisque des opinions politi
ques diverses partagent la France, il est tou
simple qu'elles partagent aussi ses assem
blées.

Les minorités ont, au surplus, des droits à
revendiquer et des intérêts à sauvegarder auss
bien que les majorités. — Le drapeau des droit
et des intérêts de la minorité conservatrice
les électeurs de la Dordogne l'ont toujours tenu
haut depuis dix ans; nous avons la ferme con
fiance que, dans la bataille prochaine du 2
août, ils se serreront autour de lui plus nom
breux et plus vaillants que jamais, et que, l
soir de ce jour, une fois de plus il flottera
triomphant, au-dessus des urnes de la grand
majorité, sinon de la totalité de nos huit cir
conscriptions.

C'est qu'en effet, il existe entre notre dépar

tement et les idées conservatrices un lien étroit de solidarité. Combattre pour celles-ci, c'est défendre tout le passé, toutes les traditions de celui-là.

Oui, l'honneur du Périgord, c'est son inébranlable fidélité à des principes auxquels il est acquis de temps immémorial. D'autres contrées nous ont souvent donné le spectacle des plus piteuses et des plus affligeantes variations. Nous les voyons brûler aujourd'hui ce qu'elles adoraient hier, sauf à adorer de nouveau demain ce qu'elles brûlent aujourd'hui. Grâce à Dieu, parmi nous il n'en est pas ainsi. Nous sommes constants dans nos affections comme dans nos répulsions.

C'est une qualité, cela! C'est la qualité des gens de cœur. Electeurs de la Dordogne, soyez fiers de la posséder et attachez-vous à la garder toujours! A l'œuvre, donc; à l'œuvre pour soutenir, le 21 août, votre honneur sous ce rapport!

A l'œuvre, pour le maintien des cinq siéges qu'occupent vos élus!

A l'œuvre, pour la conquête des trois que les républicains ont obtenus par surprise!

A l'œuvre, pour la propagande conservatrice! A l'œuvre, pour faire partout autour de vous la lumière complète sur une politique néfaste qui s'est traduite à l'intérieur par l'arbitraire le plus violent et la persécution religieuse, et à l'extérieur par des aventures comme celle de Tunisie, dont le soulèvement général de notre colonie africaine est la première conséquence désastreuse, mais, hélas! ne sera peut-être pas la dernière.

Oui, dès à présent, à l'œuvre, nous tous, conservateurs! A l'œuvre, jusqu'à la fin de la période électorale, pour raffermir les bons, ramener les hostiles en les éclairant, réchauffer les tièdes, et enfin disputer à l'ignorance ou aux préjugés — en même temps qu'à ce fléau si redoutable pour notre cause : l'abstention — tant d'esprits honnêtes que, de leur côté, les opportunistes et les radicaux vont essayer de fasciner et d'égarer !

**

Si la République, malgré ses fautes si lourdes, conserve encore quelques chances de remporter, le 21 août courant, une nouvelle victoire électorale, elle le doit principalement à deux catégories de conservateurs qui, sans s'en douter, font admirablement son jeu.

Il y a, en premier lieu, les conservateurs *découragés*. C'est bien à tort qu'ils le sont. Nous espérons les en avoir convaincus tout à l'heure.

Mais il y a, de plus, les conservateurs acquis à la *théorie du pire*, c'est-à-dire ceux qui ne croient devoir attendre le bien que de l'excès du mal. Voici leur raisonnement :

En France, jusqu'ici, la République a toujours péri des coups qu'elle s'est elle-même portés. Ce qui s'est produit déjà deux fois est en train de se produire une troisième. La République court au suicide : sa marche en ce sens a même acquis dans ces derniers temps une vitesse presque vertigineuse. N'ayons pas le naïveté de contrarier cette marche : favorisons-la plutôt et accélérons-la de notre mieux. N'allons pas, en tout cas, nous mettre en travers de la route et jouer le rôle de digue devant le torrent révolutionnaire quand il se hâte vers le précipice. Laissons-le passer

librement ; à cet effet, effaçons-nous et..
croisons-nous les bras !

Voilà le système. C'est du machiavélisn
pur.

Il lui manque, à ce système, pour être a
ceptable, deux petites conditions : d'abord,
n'est pas honnête ; ensuite, il n'est pas françai

Il n'est pas honnête, parce qu'il impliqu
des souhaits qu'il n'est jamais permis de fc
mer, des souhaits de complications, de c
tastrophes, de gâchis général.

Nous avons ajouté qu'il n'est pas françai
Et, en effet, si la République devait être
seule victime, en définitive, de ses propr
débordements, on s'expliquerait notre inactio
notre impassibilité devant les ravages de tou
sorte exercés par le jacobinisme. Mais à cô
de la République, prenons-y garde, il y a
patrie. Qui nous dit qu'elle ne sombrerait p
dans la tourmente où nous serions jetés,
nous ne voulions rien faire pour tempérer
violence de l'ouragan ?

Après les sanglantes commotions de 1793,
France était à deux doigts du tombeau ;
fallut que, pour la relever, il se trouvât à poi

un génie providentiel : Napoléon Ier. La République de 1848, avec ses agitations continuelles et son dévergondage de prédications socialistes, conduisit aussi le pays tout au bord de l'abîme : cette fois encore, le pays fut sauvé. Mais il ne faut pas tenter la Providence, et lui demander trop souvent des miracles.

D'ailleurs, le fabuliste l'a dit : Voulons-nous être aidés par le ciel? commençons par nous aider nous-mêmes !

Donc, conservateurs, défendons-nous ! Unissons-nous tous pour repousser énergiquement et victorieusement le nouvel assaut qui va, dans quelques jours, être tenté par les républicains contre ce cher département de la Dordogne, resté jusqu'à présent une des citadelles les plus inexpugnables de notre parti.

Gardons-nous de nous diviser, surtout pour des distinctions de nuances politiques qui, dans la situation actuelle, seraient absolument vaines. Ce que met en question la lutte qui s'engage, ce n'est pas précisément le principe de la République, que nous n'admettons pas, quant à nous, mais qui, pour le moment, nous

le confessons, est hors de notre atteinte. Non
ce n'est pas sur le principe de la Républiqu
que les électeurs vont avoir à se prononcer
c'est sur ses pratiques depuis quatre ans.

On nous avait promis la paix, et nous avon
la guerre !

On nous avait promis la liberté, toutes le
libertés, et on nous a donné la violence e
l'arbitraire poussés à des limites scandaleu
ses !

On nous avait promis toute espèce de réforme
démocratiques, et on a conservé précieusemen
tous les abus, tous les priviléges établis a
détriment des petits, des humbles, et l'on n'
eu de sollicitude que pour les agioteurs et pou
les financiers avides de trouver, en Tunisi
ou ailleurs, un champ favorable à leur
spéculations.

On nous avait promis des économies, et le
budgets ont grossi dans des proportion
effrayantes !

Voilà ce que nous affirmons. Mais il fau
aussi le prouver, et c'est ce que maintenan
nous nous réservons de faire. Quand nou
aurons achevé cette démonstration, nous lai

serons à chaque électeur le soin de conclure lui-même et de décider s'il doit continuer sa confiance à une chambre des députés qui a trahi tous ses engagements.

Périgueux, le 12 août 1881.

———

I

La Liberté.

De la politique suivie depuis quatre ans par le gouvernement de la République, sous l'inspiration de la chambre des députés, on peut dire sans aucune exagération qu'elle a méconnu et compromis tous les intérêts moraux et matériels du pays, à l'intérieur comme à l'extérieur.

Pour vérifier ce jugement d'ensemble, entrons dans les détails. Examinons un à un les principaux résultats de la politique des 363 en ayant soin de noter, à l'occasion, la part spéciale de responsabilité qui revient aux trois représentants que la majorité républicaine compte parmi les députés de la Dordogne.

A l'intérieur, un des premiers intérêts moraux du pays, c'est la liberté. Quel a été son sort sous la législature close depuis quinze jours?

La liberté! Oh! le beau nom! Quand ils ont brigué nos suffrages, les républicains n'ont jamais manqué de l'inscrire en lettres flamboyantes dans leurs professions de foi. Nous savons aujourd'hui comment ils entendent ce mot magique. Ils veulent bien la liberté, mais *pour eux seulement*. Ils l'ont assez montré par leurs actes, mais quelques-uns d'entre eux ont eu de plus la franchise, nous pourrions dire le cynisme, de le témoigner expressément par leurs déclarations.

Bornons-nous à deux citations, empruntées la première à un représentant de notre administration répulicaine et la seconde à un membre de la majorité de la chambre.

Au mois d'octobre 1878, à une distribution de prix le concours régional, M. Gauthier, sous-préfet de Neufchâteau, s'écriait :

« La liberté est un droit qui n'appartient qu'aux amis de la République, et que le gouvernement a le devoir de refuser aux cléricaux et à ses autres ennemis. »

Plus récemment, en mars 1880, M. Guyot, député du Rhône, discourant dans un banquet à Villefranche, disait aussi :

« Je veux toutes les libertés sans exception ; mais, par exemple, je n'en veux pas pour mes ennemis, cela va sans dire. »

Voilà qui est parler net, et les naïfs qui, quand ils entendaient autrefois les républicains prononcer en se rengorgeant le grand mot de liberté, avaient pu croire qu'il s'agissait de *liberté pour tous*, sont désormais détrompés.

Avec l'autorité toute particulière de leur situation, M. le docteur Guyot et M. Gauthier ont exposé la théorie.

Maintenant passons à l'application. Celle-ci, comme
va le voir, est exactement conforme à celle-là.

La liberté est un terme générique qui embrasse d
classes diverses comprenant elles-mêmes plusieurs e
pèces chacune.

Il y a, d'abord, la classe des libertés politiques, c'e
à-dire de celles qui, directement ou indirectemei
nous intéressent comme électeurs.

La première dans l'ordre logique, est la liberté éle
torale : comment la République a-t-elle traité cette l
berté depuis quatre ans ?

La candidature officielle n'a jamais été plus pratiqué
Ah ! pour ceux qui se paient de mots, elle n'existe pa
puisque dans leurs discours, dans leurs circulair
publiques, MM. les ministres la bannissent à l'env
mais dans tous leurs actes, leur objectif principal e
de la favoriser et de la servir.

La candidature officielle, il est vrai, a pris une nou
velle forme. Elle ne s'étale plus sur les murs, elle
cache, mais elle n'est pas moins active, ni moins da
gereuse. Au lieu d'avoir la candidature officielle ouvert
franche, déclarée, comme sous l'Empire et sous le
mai, nous avons une candidature officielle hyp
crite.

Quand donc a-t-on vu plus qu'aujourd'hui violenter les consciences ?

Ne parlons pas même des fonctionnaires. Sous l'Empire, il y avait un certain nombre de grandes administrations, telles que l'Université, les contributions, les postes, dont les employés jouissaient d'une réelle indépendance sous le rapport électoral : nous avons vu personnellement, en 1870, au moment du plébiscite, dans une ville importante, deux dignitaires de l'une de ces administrations se succéder sur une table de café pour haranguer les consommateurs et les engager à voter *non*. Ils ne furent pas le moins du monde inquiétés pour ce fait ; bien au contraire, l'un d'eux reçut, quelques semaines plus tard, un avancement considérable, que justifiait, du reste, son mérite professionnel.

Eh bien ! qu'un agent quelconque de l'État aille suivre aujourd'hui l'exemple dont nous venons de parler : on verra ce qui adviendra de lui dans les vingt-quatre heures. Malheur à tout fonctionnaire qui ne se signale pas par son zèle républicain ! quelle que soit l'administration à laquelle il est attaché, quel que soit son rang dans la hiérarchie, quels que soient l'éclat et l'ancienneté de ses services, il est sacrifié sans merci.

Et ce n'est pas seulement sur les fonctionnaires, c'est sur leurs proches et leurs alliés que le gouvernement sait braquer à propos la menace d'une disgrâce comme le canon d'une arme à feu !

La corruption ne s'exerce pas sur une moins large échelle que la pression.

Qui ne sait, par exemple, à quels trafics donnent lieu les bureaux de tabac ? Autrefois on les réservait, pour le plus grand nombre, à d'anciens serviteurs de l'Etat, à de vieux militaires, à des veuves d'instituteurs : aujourd'hui c'est à des agents électoraux qu'on les distribue presque exclusivement. Autrefois on avait principalement égard aux titres des postulants ; on ne tient compte aujourd'hui que de la recommandation des députés.

Ce que nous disons des bureaux de tabac s'applique à une foule de fonctions et de faveurs diverses : elles sont devenues la monnaie courante avec laquelle se paient les services électoraux passés ou futurs.

Entre mille faits qui, dans cet ordre d'idées, sont à notre connaissance personnelle, qu'on nous permette de citer celui-ci :

C'était l'an dernier, un ou deux mois avant les élections départementales. Un jeune homme de l'arrondissement de Sarlat sollicitait de l'administration préfectorale un petit emploi, celui, croyons-nous, de commis de surveillance adjoint dans le service de la culture des tabacs. Connaissant un docteur qui, conseiller général, passe pour influent auprès du préfet, il alla le prier de s'intéresser à sa demande.

— Volontiers, lui fut-il répondu ; seulement ma protection ne vous servira de rien, en ce moment.

— Pourquoi ?

— Parce que vous n'êtes pas de mon canton, et que, comme nous approchons des élections au conseil général, M. le préfet, pour faire droit à une demande, exige qu'elle soit apostillée par le candidat républicain du canton où le postulant est électeur.

Voilà les préoccupations auxquelles obéissent nos préfets et nos ministres, dans la plupart des actes de leur administration !

Au reste, s'ils s'en défendent, les candidats républicains sont moins discrets, et les journaux du parti laissent passer peu de semaines sans annoncer à grand fracas que, grâce au zèle et à l'influence de M. X..., député républicain de telle ciconscription, telle commune a obtenu pour son école ou ses chemins vicinaux une subvention de tant.

Il est vrai que d'ordinaire M. le député X... est totalement étranger à l'affaire dont il s'agit et que l'allocation a, tout bonnement, été accordée à la prière et sur l'avis du conseil général, comme le veut la loi du 10 août 1871. Mais, en attendant, M. le député X... s'est fait, avec l'assentiment formel ou tacite de l'administration, une réclame électorale de plus.

En résumé, parmi les républicains, dans la matière qui nous occupe, les uns pratiquent des manœuvres qu'ils nient ; les autres s'attribuent des services que le plus souvent ils ne rendent pas. Les premiers sont des Tartuffes et les seconds des charlatans !

La liberté à laquelle les citoyens ont droit pour le choix de leurs mandataires, tant politiques que municipaux, se complète par la liberté dont les mandataires doivent jouir dans l'accomplissement de leur mandat ; en d'autres termes, au nombre des libertés politiques nécessaires, il faut inscrire, à côté de la liberté électorale, la liberté parlementaire et la liberté municipale.

La liberté parlementaire existe quand toutes facilités sont laissées aux représentants de la nation pour contrôler et discuter les actes du gouvernement.

Sur ce point encore, la chambre s'est conformée à la doctrine de M. le docteur Guyot et de M. Gauthier : la majorité républicaine, comme le lion de la fable, a tout retenu pour elle, dans le partage de la liberté.

D'abord, elle a systématiquement exclu la minorité de la commission du budget, c'est-à-dire de la commission de beaucoup la plus importante, puisque, somme toute, elle comprend dans ses attributions l'éxamen et la vérification détaillée de toutes les affaires d'intérêt public.

Cette exclusion est peut-être de toutes les mesures adoptées par la chambre la plus insolite et la plus criante. Jamais, en aucun temps, sous aucun régime, sous aucune assemblée, elle n'avait eu de précédent. Dans les commissions du budget du second Empire, une place fut toujours faite à l'opposition, et même, pour le dire en passant, cette place était habituellement remplie par le ministre actuel des finances, M. Magnin.

Par l'exclusion dont nous parlons, non-seulement la majorité républicaine a violé toutes les traditions, non-seulement elle a lésé la minorité dans un de ses droits incontestables, mais elle a frustré le pays d'une de ses garanties les plus essentielles. C'est entre eux seuls, c'est pour ainsi dire *en famille*, que les républicains prétendent examiner la gestion financière de nos ministres, leurs bons amis. Il y a donc des indiscrétions à redouter? Il y a des mystères qu'on a peur de voir dévoilés? Il y a peut-être des abus qu'on tient à garder secrets? Le contribuable peut tout craindre!

Non contente de refuser ainsi à une partie de ses membres leur liberté de contrôle, la chambre a rogné considérablement leur liberté de discussion à la tribune. C'est même une des premières choses qu'elle ait faites. Elle était à peine réunie qu'elle s'empressait, à la date du 13 novembre 1877, de modifier son règlement dans le sens d'une aggravation considérable des pénalités. Il va sans dire que, si cette précaution était prise, ce n'était pas contre les membres de la majorité, auxquels tout est permis.

Le président, M. Gambetta, tenait à pouvoir, dans l'assemblée, donner carrière à ses instincts de domination absolue et de despotisme. Il réclama, en conséquence, des pouvoirs exceptionnels, à l'effet de frapper les orateurs de la droite qui ne lui paraîtraient pas doser suffisamment leur langage de respect soit pour la majorité, soit pour le gouvernement : il obtint tout, y compris *le petit local*.

On sait l'usage fort immodéré qu'il a fait des nouvelles armes qui lui avaient été remises. Nos lecteurs ont gardé le souvenir de la scène extrêmement violente à laquelle donna lieu, dans une séance de l'an dernier, la prise de corps de M. Baudry d'Asson, opérée par le colonel Rieu et ses quarante ou cinquante chasseurs.

Jamais pareil scandale ne déshonora les assemblées de l'Empire. Les présidents se contentaient alors du droit de rappel à l'ordre. Encore en usaient-ils avec la plus grande discrétion. C'est à peine si, dans les dix-huit années du règne de Napoléon III, on pourrait compter dix exemples de l'application de cette pénalité. Et pourtant, Dieu sait si l'opposition, où figura M. Gambetta l'*irréconciliable* et même le terrible M. Rochefort, était turbulente et agressive !

Le 13 novembre 1877, M. Garrigat était encore à la chambre, parmi les députés de la Dordogne, le seul représentant de la gauche : il fut de ceux, naturellement, qui votèrent les restrictions apportées à la liberté de la tribune.

Passons à la liberté municipale. Elle a longtemps été le dada favori des républicains. Alors qu'ils étaient dans l'opposition, ils la voulaient complète et immédiate. Elle était l'alpha et l'oméga de tout. C'était la panacée universelle, si bien que, dans une adresse célèbre à M. Thiers, M. Chavoix, alors maire d'Excideuil, ne trouvait que des éloges à donner à la Commune, du moment qu'elle avait pris en mains le drapeau de la liberté municipale. *Quantum mutatus ab illo !* M. Chavoix a passé quatre années à la chambre. Il s'est préoccupé des permis de chasse, après bien d'autres, d'ailleurs, après plusieurs députés conservateurs de la Dordogne notamment. Mais la liberté municipale ! Il n'y a pas un seul instant songé ! M. Garrigat non plus, M. Roger pas davantage.

Et pourtant peut-on dire que la liberté municipale règne en France, quand les préfets et les ministres peuvent, sous le premier prétexte venu, et même sans aucun prétexte (car ils ne sont pas tenus de motiver leurs arrêtés à cet égard), quand ils peuvent, disons-nous, pour assouvir un ressentiment personnel, ou pour satisfaire un simple caprice, suspendre et révoquer les maires et les adjoints dans nos 36,000 communes de la France ?

Peut-on dire que la liberté municipale règne quand les conseils municipaux de tous nos chefs-lieux de canton, d'arrondissement et de département n'ont pas le choix de leurs municipalités et sont exposés à voir mettre à leur tête, comme cela s'est passé plusieurs fois dans la Dordogne, l'unique républicain qui se soit faufilé dans l'assemblée, et encore à la queue de la liste ?

Sous ce rapport, comme sous bien d'autres, nous étions, à la fin de l'Empire, plus avancés qu'aujourd'hui : les conseils municipaux étaient tous, sans exception, investis du droit de désigner leur maire et leurs adjoints.

Le 24 mars 1881, il fut déposé à la chambre une proposition tendant à restituer ce droit aux conseils qui en sont dépouillés. La déclaration d'urgence fut réclamée : elle ne fut pas accordée, et nous n'étonnerons personne en constatant que parmi les députés qui la rejetèrent se trouvèrent MM. Chavoix, Garrigat et Roger.

Toute révocation entraîne, comme on sait, pour un maire et un adjoint, l'inéligibilité pendant un an. Aussi, comme les municipalités devaient être renouvelées au commencement de 1881, l'administration, en vue de se débarrasser, pour une période un peu longue, de certains maires dont l'influence la gênait, trouva commode, l'an passé, d'abuser plus que jamais des destitutions. C'est ainsi que, pour ne citer qu'un exemple entre mille, dans un département voisin du nôtre, un maire fut atteint parce que *son fils*, qui d'ailleurs était parfaitement majeur, avait assisté à une messe pour le repos de l'âme de Napoléon III.

Il convenait que des abus de cette nature ne pussent pas avoir pour effet d'enlever aux conseils, après leur renouvellement général de janvier 1881, la liberté de se donner comme magistrats municipaux les hommes de leur choix. Un député de la droite, M. Le Provost de Launay, déposa donc, à la chambre, en décembre dernier, une proposition tendant à restituer l'éligibilité, dont ils se trouvaient déchus, aux maires frappés en 1880. La majorité républicaine fit à cette proposition un enterrement de première classe. Il n'y eut point, là-dessus, de scrutin public, mais nous avons tout lieu de penser que MM. Chavoix, Garrigat et Roger ne se séparèrent point, dans cette circonstance, de leurs collègues de la gauche.

Ainsi, pour la liberté municipale, comme pour la liberté de la tribune et les autres libertés parlementaires, comme pour la liberté électorale, il n'y a, dans le bilan de la dernière législature, rien, rien absolument à porter à l'actif de nos républicains. Il y a, par contre, à relever à leur passif une palinodie de plus... et ce ne sera pas la dernière !

La République, nous l'avons vu, n'a fait aucun cas des libertés politiques ; elle n'a pas favorisé davantage les libertés civiles, c'est-à-dire les libertés intéressant tous les citoyens, qu'ils soient électeurs ou non.

Parmi elles, nous distinguons d'abord la liberté de penser. C'est le droit, pour chacun de nous, d'adopter tel *credo*, telle opinion qui lui convient dans tous les ordres d'idées, dans l'ordre philosophique, par exemple, comme dans l'ordre politique, comme dans l'ordre religieux.

La liberté de penser sous le rapport religieux prend plus spécialement le nom de liberté de conscience.

Tout le monde sait quelle grave atteinte la Républi-

que a portée à cette liberté par les fameux décrets du
29 mars 1880. Nous aurons à revenir sur cette déplo-
rable mesure quand nous nous occuperons de la liberté
d'association et de la liberté d'enseignement ; pour le
moment, nous nous contentons de noter la violence
faite, dans les personnes de plusieurs milliers de congréganistes, à la plus respectable et à la plus sainte de
toutes les libertés, à la liberté de la foi, de la prière,
de la pénitence et du dévoûment à toutes les misères
humaines.

Par l'acte de persécution catholique qu'ils ont accompli dans cette circonstance, nos gouvernants ont
soulevé les énergiques protestations des libéraux du
monde entier, y compris M. Gladstone, chef actuel du
cabinet anglais, qui cependant appartient à l'Eglise
réformée. Ils ont eu également à essuyer l'éclatant désaveu d'un des démocrates les plus autorisés de l'Europe, M. Castelar, ancien président de la République
espagnole.

C'est qu'en effet, les décrets du 29 mars ont, au
plus haut point, opprimé la conscience religieuse : ils
ont eu pour effet, non-seulement de dépouiller les
congréganistes de leur droit de pratiquer comme ils
l'entendaient leur piété catholique, mais encore de
violer chez d'innombrables pères de famille le droit de
faire élever catholiquement leurs enfants.

C'est à la chambre — nous le proclamons à son éter-
nelle honte — que revient l'initiative des décrets : ils
furent provoqués par l'ordre du jour célèbre du 16

mars 1880, où la majorité républicaine réclama du gouvernement l'application aux congrégations des prétendues lois existantes.

M. Roger n'était pas encore député ; M. Chavoix était absent. Quant à M. Garrigat, il fut de ceux qui votèrent cet ordre du jour ; il fut de ceux également (et cette fois en compagnie de M. Chavoix) qui, quelques jours plus tard, le 4 mai 1880, à l'occasion d'une interpellation de M. Edouard Lamy, un des rares républicains restés fidèles à la liberté, donnèrent, par un nouvel ordre du jour, une approbation formelle à la politique de persécution inaugurée par les décrets.

La liberté de penser ne saurait être séparée de la liberté de communiquer et de manifester ses pensées, spécialement par la voie de la presse.

C'est ici une des libertés pour lesquelles, de tout temps, les républicains ont le plus bruyamment fait étalage de sympathies. Reportez-vous à tous leurs anciens programmes. La liberté de la presse ! Ils la voulaient sans restriction et sans limites !

Entre cette théorie (qui d'ailleurs n'est pas la nôtre), de l'impunité absolue, et la nouvelle loi qu'ils viennent de nous octroyer, il y a loin, bien loin. Cette nouvelle loi réalise, nous le reconnaissons, quelques progrès, mais elle ne saurait passer pour une loi libérale. Ce n'est pas nous seulement qui le disons, ce n'est pas, non plus, seulement les intransigeants, c'est aussi de nombreux républicains connus pour leur modération, et, entr'autres, M. Anatole de La Forge, qui, récemment, au cours de la dernière délibération, à la chambre des députés, a dénoncé, du haut de la tribune, l'esprit de répression à outrance marqué dans la plupart des dispositions de cette loi.

La chambre avait, du reste, si peu de hâte d'émanciper la presse, qu'elle a pris soin de retarder jusqu'à la fin de la législature le vote définitif des quelques améliorations contenues dans le projet. Cependant, en ce qui concerne la principale de ces améliorations, c'est-à-dire celle qui réside dans la substitution des cours d'assises aux tribunaux correctionnels pour le jugement des délits de la presse, un député de la droite, M. Cunéo d'Ornano, avait souvent mis la majorité républicaine en demeure de la voter. Dès le début, il déposa une proposition dans ce sens ; le 24 mai 1878, il en réclama la mise à l'ordre du jour ; elle fut rejetée. Le 20 mai 1879, il revint à la charge, et sollicita la déclaration d'urgence, qui fut également refusée. Chaque fois, MM. Chavoix et Garrigat se prononcèrent contre la motion de leur honorable collègue de la Charente.

Il est du reste à remarquer que lorsque la loi sur la presse est enfin venue en délibération, nos trois députés républicains ont constamment voté dans le sens le moins favorable à la liberté.

Ainsi, on se souvient de l'important amendement de

M. Floquet qui faisait rentrer la presse dans le droit commun conformément à la doctrine soutenue par nous, qui, sur ce point, avons eu le plaisir de nous trouver, par exception, d'accord avec l'*Avenir* et le *Réveil*, les deux journaux républicains de Périgueux. Cet amendement, la chambre, qui, du reste, ne l'a pas adopté définitivement, avait commencé par le prendre en considération, le 27 janvier 1881. M. Chavoix était absent par congé. Quant à MM. Garrigat et Roger, ils se prononcèrent contre la prise en considération.

Autre vote plus significatif encore. S'il est une doctrine sur laquelle les républicains ont été longtemps unanimes, c'est celle qui tend à nier l'existence des *délits d'opinion*. Pourtant à trois reprises, la proposition a été faite, à la chambre, d'insérer dans la loi sur la presse un article réprimant les attaques contre la République : nous devons nous hâter d'ajouter qu'elle a été, chaque fois, écartée, grâce, il est vrai peut-être, au concours de la droite. Dans les trois scrutins invariablement, MM. Garrigat et Roger se sont prononcés pour la répression. Quant à M. Chavoix, il a voté d'une manière plus originale. La première fois, le 31 janvier 1881, il a voté pour. La seconde fois, le 1er février, il a voté contre, et la troisième fois, le 14 février, il s'est abstenu. Heureusement, il n'a pas été soumis à la nécessité de prendre part à un quatrième scrutin sur la même question : nous nous demandons comment il aurait pu s'y prendre, en ce cas, pour varier encore sa manière de voir et de voter.

Quoi qu'il en soit, il est à constater qu'en matière de presse, d'une part, la chambre a été moins libérale, et de beaucoup, que ses anciens programmes, et que, d'autre part, les trois députés républicains de la Dordogne ont été moins libéraux que la chambre.

Après la liberté de la presse, c'est à la liberté de réunion et à la liberté d'association que s'appliquaient principalement autrefois les revendications républicaines.

La liberté de réunion d'abord. D'après toutes les anciennes professions de foi des hommes qui nous gouvernent, le droit pour les citoyens de s'assembler afin de traiter de leurs affaires ou des affaires publiques, est un droit naturel qui ne comporte aucune entrave, aucune restriction.

Cependant, la défunte chambre des députés a voulu régler ce droit, le soumettre à certaines conditions, le contenir dans certaines limites. Elle a, sur la matière, élaboré une loi qui, pas plus que la loi sur la presse, n'est une loi libérale. Un député républicain, M. Clémenceau, n'a pas craint d'affirmer que, loin d'être un progrès, elle constituait une aggravation de la législation de l'Empire.

Eh bien ! ici encore, si peu libérale qu'ait été la chambre, les trois députés républicains de la Dordogne l'ont été sensiblement moins.

Lors de la première délibération, le 27 janvier 1880, la chambre a rejeté une proposition qui lui avait été faite de conférer aux agents de l'autorité le droit de dissoudre une réunion quand les orateurs s'écarteraient de la question. Cette proposition, qui faisait entièrement dépendre du jugement, souvent fort court, d'un commissaire de police, l'exercice du droit de réunion, fut votée par MM. Chavoix et Garrigat.

Le 11 mai 1880, la chambre repoussa également une disposition aux termes de laquelle l'administration aurait eu, dans certains cas, le droit d'ajourner les réunions ; ce qui revient à dire : de les empêcher absolument. Cette fois, M. Chavoix s'abstint. Mais M. Garrigat vota pour la disposition. M. Roger n'était pas encore député.

Quelques républicains, jaloux de rester d'accord avec leurs anciennes doctrines, auraient voulu interdire au commissaire de police l'accès de toute réunion publique. Leur opinion ne prévalut pas dans l'assemblée. Mais M. Maigne, par un amendement, proposa que du moins la présence de ces agents ne fût pas admise dans les réunions électorales. Pour lui, sans cette condition, la législation de l'Empire serait préférable, et il déclara nettement qu'il se prononcerait alors pour son maintien. Voici, du reste, comment il s'exprima :

M. Maigne. — Si l'amendement était rejeté, je repousserais la loi tout entière, parce qu'elle me paraît méconnaître un des droits les plus sacrés de l'homme et une des conditions

fondamentales d'une démocratie représentative. Je la repousserais, parce que, pour ma part, je crois qu'il est temps que
cette chambre s'arrête sur la pente où on l'engage, où elle se
sera laissé entraîner à voter aujourd'hui la mutilation du droit
de réunion... Je ne la voterais pas pour une dernière raison :
dans quelques mois, messieurs, vous allez comparaître devant
les électeurs, et si je leur apportais des votes comme ceux
qu'on me demande, je craindrais d'entendre mes électeurs
me dire que j'ai manqué à toutes mes promesses.

M. Maigne vit sa motion triompher dans la séance
du 10 avril 1881. Mais il n'y eut pas de la faute de
MM. Chavoix, Garrigat et Roger. Tous les trois votèrent contre.

Quoi qu'il en soit, si la défunte chambre des députés
s'est, plus ou moins heureusement, occupée de la liberté de réunion, elle n'a rien fait pour la liberté d'association, c'est-à-dire pour la liberté d'habiter, de
vivre, de travailler en commun. Pourtant, un jour, un
député de la droite, M. Jolibois, convia la chambre à
tourner de ce côté sa sollicitude, mais elle fit la sourde
oreille.

Elle n'a songé à la liberté d'association que pour la
proscrire, pour l'immoler, en provoquant la dissolution d'un grand nombre de congrégations religieuses.

Les décrets du 29 mars 1880, qui prononcèrent cette
dissolution, étaient-ils légaux ? Les vieilles lois qu'ils

visaient n'étaient-elles pas abrogées ? La question n'a fait aucun doute pour les jurisconsultes les plus éminents de notre époque, pour MM. Dufaure, Rousse, ancien bâtonnier des avocats de Paris ; Barboux, bâtonnier actuel, le savant M. Demolombe et tant d'autres. Elle n'a fait aucun doute non plus pour les neuf dixièmes des tribunaux saisis des réclamations des ordres religieux. Elle n'a pas fait doute davantage pour les dignes magistrats des parquets qui, par centaines, donnèrent leur démission, aimant mieux briser leur carrière que trahir leur conscience.

Mais en supposant qu'il n'y eût pas, pour l'existence des congrégations, un droit absolu, il y avait, tout au moins, une longue tolérance : quelle bonne raison a-t-on eue de la faire brusquement cesser ? Quel danger les couvents faisaient-ils courir à l'Etat ? quelle gêne causaient-ils aux populations ?

Dans ces établissements vivaient, loin des bruits du monde et loin des passions qui nous agitent, des hommes inoffensifs dont le temps se partageait entre la prière, le travail et les bonnes œuvres. Ils s'étaient réfugiés là, derrière ces hautes murailles, pour trouver dans la contemplation de Dieu, dans le détachement des biens et des affections terrestres, dans la mortification, dans la soumission aux règles les plus austères, le repos de leur âme que peut-être quelque violent orage avait troublée ou que quelque désillusion avait meurtrie. Pourquoi les avoir chassés de leur chère retraite ? Ils étaient citoyens comme nous. Pourquoi leur avoir refusé le droit, qu'on ne nous conteste pas, d'habiter où bon nous semble et de vivre comme nous voulons ?

Ils ne menaient pas, d'ailleurs, une existence d'inutiles, et parmi ceux qui quelquefois ont raillé l'oisiveté prétendue des moines, il en est bien peu qui puissent se flatter de dépenser chaque jour une somme de travail comparable à la leur. Demandez aux paysans de la Double si les trappistes d'Echourgnac ont été des « moines fainéants » ! Demandez-leur qui a fertilisé et assaini leur contrée !

Parmi les divers congréganistes qui sont tombés sous l'application des décrets, les uns s'adonnaient à l'étude, les autres à la prédication, d'autres à l'enseignement, d'autres encore au soin des malades. Tous répandaient autour d'eux en grand nombre des secours pour les indigents et des consolations pour les affligés. Chaque année, par exemple, les jésuites de Sarlat, indépendamment d'abondantes distributions en nature, donnaient aux pauvres de la ville 7,000 francs en argent.

Voilà les hommes que la République a proscrits ! Et l'on sait avec quels procédés odieux ! Il nous semble entendre encore résonner à notre oreille le bruit sinistre des haches avec lesquelles fut enfoncée, le 4 novembre 1880, la porte des capucins de Périgueux. Il nous semble voir ces vénérables religieux indignement traînés sur les toits, puis livrés aux huées, aux quolibets et aux brutalités d'une méprisable populace.

Nous voudrions que, le 21 août, tous les témoins de cet écœurant spectacle en eussent, au moment d'aller voter, le souvenir présent à la pensée ; nous sommes certains qu'en ce cas, ils n'auraient pas le courage de renouveler leur confiance à un gouvernement qui a prescrit et à une majorité qui a toléré de pareilles atrocités.

***

En même temps qu'à la liberté d'association, les décrets du 29 mars ont porté atteinte à la liberté d'enseignement.

Parmi les congréganistes dissous, il y en avait un grand nombre voués à l'instruction de la jeunesse. Violemment expulsés, au moment des vacances, des maisons d'éducation où ils professaient, quelques-uns avaient cru pouvoir, à la rentrée, revenir occuper leur chaire, non plus avec leur qualité de congréganistes, mais à titre individuel. Leur droit était formel, les lois de 1850 et de 1875 n'excluant de l'enseignement que les personnes frappées d'une incapacité légale.

Mais que parlons-nous de droit ? Dans les temps où nous vivons, il n'y en a qu'un qui règne : c'est le droit du plus fort. La République le fit bien voir aux religieux dont nous parlons. Elle était désarmée contre eux, mais elle pouvait frapper les établissements qui les employaient, et elle n'y manqua pas ; elle prononça leur fermeture.

Le grand promoteur de toute la campagne mené
contre les congrégations, M. Jules Ferry, obtena
ainsi, d'une façon indirecte, le résultat qu'il avait va
nement poursuivi par le fameux article 7 de son proj
de loi sur l'enseignement supérieur, article qui, porta
interdiction de l'enseignement pour les membres de
congrégations religieuses non-reconnues, avait é
voté par la chambre des députés, mais repoussé par
sénat.

On se rappelle la vive et profonde agitation dont
présentation fut le signal en France. D'un bout du pa
à l'autre, tous les cœurs épris de justice se soulevère
d'indignation et de révolte. C'est alors que la liber
put reconnaître les siens. Des hommes qui jusque
n'avaient jama's combattu que dans les rangs de n
adversaires, des républicains qui comptaient parmi l
plus éprouvés et les plus éminents, des universitair
eux-mêmes nourris plus ou moins dans la haine d
congrégations enseignantes, leurs rivales, MM. Jul
Simon, Laboulaye, Vacherot, Littré, furent l
premiers à faire entendre le cri de leur protest
tion.

Eh bien ! cet article 7, produit d'une inspiratic
malheureuse, de l'aveu même de M. de Freycinet, pr
sident du conseil au moment de sa discussion deva
le sénat, cet inique article 7 obtint la pleine approb
tion de MM. Chavoix et Garrigat. Leurs votes dans l
séances des 30 juin, 7 juillet et surtout 9 juillet 187
en font foi.

Il obtint aussi la pleine approbation de plusieurs autres candidats républicains actuels de la Dordogne, notamment de MM. Theulier, Brugère et Escande qui, au mois d'avril 1879, se prononcèrent, au conseil général, contre le vœu qui fut émis, à la suite d'un remarquable rapport de M. Lanauve, en faveur du maintien de la liberté d'enseignement

L'article 7 n'est pas, à beaucoup près, le seul outrage fait à cette liberté depuis quatre ans. Deux autres sont à mentionner : 1° Les professeurs des universités libres étaient admis à participer, non pas à la collation des grades, qui n'a jamais cessé d'appartenir à l'Etat, mais aux interrogations des étudiants : cette participation a été supprimée. 2° Le conseil supérieur de l'instruction et les conseils académiques qui ont, entre autres attributions, celle de juger disciplinairement, à l'occasion, des membres de l'enseignement privé aussi bien que de l'enseignement public, étaient recrutés de façon à offrir aux uns et autres toutes les garanties désirables d'impartialité. Il n'en est pas de même aujourd'hui ; ces assemblées sont exclusivement composées d'universitaires, de sorte que les professeurs libres sont jugés par leurs concurrents.

MM. Chavoix et Garrigat ont contribué, par leurs votes, aux deux fâcheuses modifications dont nous parlons.

*
* *

Nous pourrions prolonger notre revue des libertés foulées aux pieds durant la législature qui vient de

finir. Nous pourrions parler de la liberté de pétition
nement qui, l'an dernier, lors du grand soulèveme
catholique contre les projets Ferry, eut, en vertu d'in
tructions toutes particulières du ministre de l'intérieu
tant d'entraves à subir de la part des maires républ
cains appelés à légaliser les signatures, et qui fut scar
daleusement violée dans les personnes de plusieur
magistrats municipaux de la Dordogne, entr'autres d
MM. de Beauroyre, de Boysson, Lambesque, de Larou
verade, etc., etc., révoqués pour avoir cru pouvoi
exercer un de leurs droits de citoyens et s'associer
un mouvement favorable au maintien d'une législatio
existante.

$$*_{*}^{*}$$

Nous pourrions parler aussi de la liberté indivi
duelle non moins atteinte, par les mesures prises con
tre les congréganistes, que la liberté d'enseignemen
la liberté d'association et la liberté de conscience..
Mais nous en avons dit assez, n'est-ce pas ? pour mon
trer à tous combien, depuis quatre ans, la Républiqu
a fait peu de cas de la liberté, — de la liberté que, d
reste, le journal de M. Gambetta, dans un jour d
louable franchise, a dédaigneusement traitée de « vieill
guitare. »
Pourtant, cette liberté, plus qu'aucun autre gouver
nement, la République est tenue de nous la donner, e
cela pour deux motifs : d'abord, parce qu'elle nous l'
promise, et puis, parce qu'elle n'est pas en état d

nous offrir les compensations que nous pourrions trouver dans un régime d'autorité, dans un régime capable « de rassurer les bons et de faire trembler les mé-« chants. »

Quand les méchants ont toutes les audaces, comment les bons ne trembleraient-ils pas si, n'ayant, comme aujourd'hui, rien à attendre de l'autorité, on s'obstine à ne pas leur permettre de se défendre eux-mêmes par la liberté ?

La Démocratie.

La République n'a pas été, durant ces quatre der
nières années, un gouvernement libéral. A-t-elle été
du moins, un gouvernement démocratique ?

Le principe fondamental de toute démocratie, c'es
la souveraineté nationale exprimée par le suffrag
universel. Or, que d'offenses les républicains de l
défunte Chambre ont commises ou tolérées envers c
principe !

La Constitution du 25 février 1875 ne lui avait pa
fait sa part légitime ; elle ne s'était pas soumise elle
même à la ratification du peuple. Elle avait proscr
toute application de la doctrine éminemment démocra
tique de la consultation nationale par voie plébisci
taire ; elle n'avait même pas voulu du suffrage univer
sel direct pour la nomination du président de l
République.

La majorité républicaine s'est-elle préoccupée d
faire réviser la Constitution sur ce point ? Nullemen
Elle a provoqué la réunion du congrès en vue d'un
modification d'importance secondaire, c'est-à-dire e

vue du rétablissement à Paris du siége du parlement ; mais, quant à poursuivre la restitution à la souveraineté nationale de la plénitude de son droit, elle n'y a pas un seul instant songé !

On sait, d'autre part, combien, dans la vérification des pouvoirs de ses membres, elle a montré peu de respect pour les arrêts du suffrage universel. Son premier soin a été d'en briser quatre-vingts qui lui déplaisaient. Des conservateurs, élus avec des majorités de 4,000, 6,000 et même 8,000 voix, ont vu leur élection annulée ; par contre, des républicains, qui n'avaient qu'une majorité fort douteuse et fort contestée d'une voix, ont été validés sans aucune difficulté : citons, parmi ces derniers, MM. Faure et Boudeville.

Devant le scandale de ces deux validations, comme aussi de tant d'invalidations, où s'est manifesté l'abus le plus révoltant de la force, MM. Chavoix et Garrigat n'ont pas reculé plus l'un que l'autre. Ils s'y sont associés par de nombreux votes.

La chambre est allée plus loin. Sous prétexte d'enquête à ouvrir sur certaines élections, elle a pris sur elle de suspendre, pendant des années entières, l'exercice du mandat de plusieurs députés, de M. de Fourtou par exemple, de M. le baron Reille, de M. Gavini, etc., etc. Elle les a *ajournés*, c'est-à-dire qu'ils siégeaient, mais ne pouvaient pas voter. Leurs circonscriptions étaient donc, en attendant, privées de toute représentation.

Dans nos départements, les agents de la République se sont naturellement modelés sur la Chambre. Toutes les fois que les élus du suffrage universel n'ont pas été des républicains, on les a traités avec un sans-façon qui quelquefois a frisé l'insolence.

On n'a pas oublié l'incident de la sous-préfecture de Sarlat, où, non-seulement les délégués de notre assemblée départementale ont été, de la part des représentants de l'administration, l'objet du plus complet manque d'égards, mais où de plus on a mis un obstacle absolu à l'accomplissement de la mission légale dont ils étaient régulièrement investis.

On n'a pas oublié aussi le soin avec lequel le préfet de la Dordogne, ayant ou croyant avoir à établir des commissions cantonales pour la surveillance des chemins vicinaux ou des délégations pour l'inspection des écoles primaires, en a toujours exclu les mandataires des populations, quand ils se sont trouvés conservateurs, et les y a remplacés par leurs concurrents dont le suffrage universel n'avait pas voulu.

Agir de cette façon envers les élus, c'est offenser les électeurs.

[*]

En dehors de la souveraineté nationale, le principe démocratique par excellence, c'est l'égalité. Non pas l'égalité des fortunes et des situations, qui est une chimère, aussi bien que l'égalité des intelligences et des diverses dispositions naturelles, mais l'égalité devant la justice et devant la loi.

Or, cette égalité subsiste-t-elle, quand une classe fort nombreuse de citoyens jouit du privilége de pouvoir tout se permettre impunément ? Nous voulons parler des fonctionnaires.

La *déclaration des droits de l'homme* a eu beau proclamer le principe de leur responsabilité. Un décret de la défense nationale d'octobre 1870 a eu beau supprimer le fameux article 75 de la constitution impériale qui subordonnait à l'autorisation du Conseil d'Etat les poursuites à exercer contre eux ; en fait, les déclinatoires d'incompétence et les arrêtés de conflit ont la vertu souveraine de les mettre à l'abri des plus justes revendications.

L'égalité subsiste-t-elle quand le gouvernement, en litige avec un citoyen, peut, au gré de son caprice ou de son intérêt, dessaisir lui-même le juge indépendant, le juge inamovible, pour porter l'affaire devant les *tribunaux extraordinaires*, dont la composition lui appartient en totalité ou en partie : devant un conseil d'Etat qui, tel qu'il est aujourd'hui constitué, est, non plus un corps administratif, offrant des garanties d'impartialité, mais un corps essentiellement politique ; devant un tribunal des conflits, où le pouvoir exécutif peut, quand il est partie dans une cause, y être juge en même temps et s'y ménager une influence prépondérante en se conférant à lui-même la présidence dans la personne du garde-des-sceaux ; enfin, devant un conseil supérieur de l'instruction publique et des conseils académiques où les professeurs de l'Université de l'Etat sont établis les juges de leurs concurrents, les professeurs des universités et des écoles libres ?

Ah ! les tribunaux extraordinaires ! ils ont eu beaucoup de besogne dans ces derniers temps. C'est que le gouvernement a pour *leur justice* une préférence marquée. Il n'y a que les juges ordinaires dont il se défie. Il n'aura confiance en eux que quand il aura supprimé leur inamovibilité, c'est-à-dire leur indépendance, ou que du moins il l'aura suspendue pendant un temps suffisant pour les *épurer*. On sait que la question de l'inamovibilité de la magistrature a été tranchée, l'an dernier, à la chambre des députés, mais elle n'est pas encore résolue au sénat. M. Chavoix a voté, le 20 novembre 1880, pour la suppression pure et simple de l'inamovibilité : cette suppression n'a pas réuni la majorité. Au contraire, la suspension pendant un an a été prononcée, le 24 novembre. Tous les députés conservateurs de la Dordogne ont voté contre. MM. Chavoix et Garrigat ont voté pour. M. Roger s'est abstenu : c'est sa manière favorite de se tirer des difficultés.

L'égalité subsiste-t-elle quand les parquets ont deux poids et deux mesures ; quand, suivant qu'il s'agit d'un conservateur ou d'un républicain, ils poursuivent ou ne poursuivent pas ; quand le même fait d'avoir voté, à quelques jours d'intervalle, dans deux communes différentes, trouvé répréhensible chez M. le duc de Padoue, est admis comme innocent (peut-être comme méritoire !) chez M. Sagnat, huissier à Villefranche-de-Longchapt ; quand un maire opportuniste, condamné pour fraude électorale, non-seulement est exempté de sa peine, mais est maintenu dans ses fonctions, comme cela se voit dans le canton de Jumilhac ?

L'égalité subsiste-t-elle quand le principe de l'admissibilité des citoyens à tous les emplois est lettre morte; quand, par exemple, des jeunes gens ayant subi victorieusement les épreuves du concours réglementaire et obtenu dès lors leur inscription sur la liste d'aptitude aux fonctions de surnuméraire de l'enregistrement, se voient cependant refuser leur nomination parce que leur opinion politique diffère de celle du gouvernement, comme dans le cas que M. Berger, député de Maine-et-Loire, a porté, le 10 juillet 1880, à la connaissance de la chambre, ou même, comme dans un autre cas signalé plus récemment à la tribune du sénat par M. de Gavardie, parce que leur *famille* n'est pas républicaine ?

L'égalité subsiste-t-elle quand le système des gros traitements et du cumul est plus en vigueur que jamais; quand plus de quarante sénateurs et bon nombre de députés, acceptant ceux-ci le titre d'administrateurs des chemins de fer de l'Etat, auquel sont attachés des jetons de présence, et ceux-là de hautes fonctions grassement rétribuées dans la diplomatie ou la magistrature, n'ont pas craint d'aliéner ou de paraître aliéner, à ce prix, l'indépendance de leur parole et de leur vote dans le parlement ?

L'égalité subsiste-t-elle, quand le favoritisme préside, dans l'Etat, à la distribution de toutes les places; quand, même dans l'armée, pour devenir colonel ou général, l'éclat et l'ancienneté des services comptent moins que la protection de M. Gambetta ; quand, pour obtenir un poste ou un avancement quelconque, les titres les plus solides ne sont rien et les recommandations sont tout ?

L'égalité subsiste-t-elle enfin quand le népotisme est pratiqué sur la plus large échelle ; quand on donne à toute la tribu des Grévy, frères, cousins, neveux, une part si large au gâteau budgétaire, et quand on va jusqu'à compromettre l'avenir ou plutôt, hélas ! l'existence même de notre grande colonie d'Afrique, pour conserver à un incapable bien apparenté ses appointements de 180,000 francs par an ?

Non, décidément, la République n'a pas plus ouvert, devant nous, depuis quatre ans, l'ère promise de l'égalité que l'ère de la prospérité et l'ère de la liberté.

Sommes-nous entrés davantage dans l'ère de la fraternité ?

Un gouvernement démocratique se reconnaît à sa sollicitude pour les petits et les souffrants.

La cause de l'indigent, surtout de l'indigent infirme ou malade, est sacrée pour lui. Sachant que la politique gâte tout, il veille de son mieux à la tenir complètement à l'écart de la charité. La République, au contraire, a pris soin d'abaisser la barrière élevée jusqu'à présent entre ces deux intérêts.

Avant la loi de l'an passé sur les commissions hospitalières, l'administration des bureaux de bienfaisance, des hospices et des dépôts de mendicité était confiée aux personnes qui, par leur situation sociale, leurs relations avec les familles riches et leur propre renom de générosité, étaient le mieux en état de provoquer et d'attirer des dons abondants. Il n'en est pas de même aujourd'hui. Pour cette grande mission de la surveillance et de la gestion des biens des malheureux, une seule condition est requise, mais elle est indispensable, principalement dans les villes, où le pouvoir municipal et le pouvoir central, chargés concurremment de la composition des commissions hospitalières, sont d'accord là-dessus : il faut être républicain !

M. de Gamanson avait légué à l'hospice de Périgueux plus de 500,000 francs, et sans doute il n'avait pas dit le dernier mot de ses libéralités envers cet établissement. Mais il ne passait pas pour être républicain : en conséquence, il a été, l'an dernier, expulsé de la commission administrative de l'hospice, dont il faisait partie depuis un certain nombre d'années. Les pauvres, à coup sûr, n'y auront rien gagné... Néanmoins, place au Capitole pour M. le préfet de la Dordogne ! Evidemment, en révoquant ce digne vieillard de plus de quatre-vingts ans, il a sauvé la République !

***

En même temps qu'il compromettait ainsi l'intérêt des souffrants, le gouvernement faisait une guerre implacable aux petits. Facteurs, cantonniers, tambours de ville, agents de police, gardes-champêtres, buralistes, modestes employés de tout genre, on les compte par milliers ceux qui, sur tous les points de la France, et spécialement dans la Dordogne, se sont vu brusquement, brutalement enlever, sur la dénonciation d'un Seignobos quelconque, le pain nécessaire à leur subsistance et à celle de leur famille. On ne se donnait même pas la peine de vérifier les faits signalés par des délateurs souvent anonymes : on frappait les yeux fermés, si bien que nous avons vu se produire à Terrasson cette particularité : qu'un buraliste, ainsi sacrifié comme réactionnaire, se trouvait un républicain de la plus belle eau, un républicain publiquement garanti bon teint par un des chefs du parti dans la localité, M. le docteur Denoix ; quand celui-ci a voulu remonter à la source de la dénonciation et connaître l'auteur, personne, ni le sous-préfet de Sarlat, ni le préfet de la Dordogne, ne put le renseigner.

Où sont les réformes accomplies depuis quatre ans par les républicains dans l'intérêt des classes populaires ? — Ils font sonner bien haut, il est vrai, l'établissement général de la gratuité de l'enseignement primaire ; mais qui gagne à cela ? Ce n'est pas le pauvre, en tout cas, dont les enfants ont été de tout temps admis à l'école pour rien. Il aura maintenant à supporter une certaine part dans les frais de l'instruction, qui, mis à la charge de l'Etat, devront être proportionnellement répartis entre tous les contribuables.

Nous voyons bien que les républicains ont, en peu de temps, grossi de soixante ou quatre-vingts millions le budget de l'instruction publique. Mais des sacrifices d'argent, surtout de la part de ceux qui, pour les faire, puisent, non dans leur propre bourse, mais dans la bourse des contribuables, ne sont pas méritoires en eux-mêmes : c'est aux résultats qu'ils donnent qu'il faut les juger.

Or, l'augmentation si considérable des frais de l'instruction a-t-elle eu pour conséquence un gain plus marqué sur l'ignorance? Pour l'ensemble de la France, il est permis tout au moins d'en douter ; mais pour la Dordogne, nous avons non-seulement un doute, mais la certitude contraire. Si nous comparons, en effet, aux quatre dernières années de l'Empire, les quatre années les plus récentes, au sujet desquelles une statistique officielle ait été publiée, nous constatons ceci :

En 1867, la population scolaire, en Périgord, a augmenté de 1,607 ; en 1868, de 2,039 ; en 1869, de 2,726 ; enfin, en 1870, malgré les événements, de 1,888.

D'autre part, en 1876, cette augmentation n'a été que de 494 ; en 1877, de 1,531 ; en 1878, de 1,182, et en 1879, de 403.

La moyenne, durant les quatre années de la République, a donc été de 902, et, durant les quatre années de l'Empire, de 1,815, c'est-à-dire de plus du double.

Quant au niveau des études, nous savons, par le rapport de M. l'inspecteur général Pacaut, publié, l'an dernier, dans tous les journaux de Périgueux, qu'il est loin de s'être élevé.

En somme, avec beaucoup moins d'argent que la République, l'Empire obtenait de bien meilleurs résultats. Il n'y a donc pas lieu pour nos gouvernants d'enfler si fort la voix en vue de célébrer leur munificence à propos de l'instruction.

Ils ont fait une loi pour imposer à chaque département la construction d'une école normale primaire d'institutrices. Voilà donc la Dordogne tenue d'acquérir ou de faire bâtir à grands frais un établissement dont elle n'a pas le moindre besoin, car on compte chez nous par centaines, nous pourrions peut-être dire par milliers, les jeunes filles pourvues du brevet de capacité qui sollicitent des postes d'institutrices, et n'en peuvent pas obtenir, faute de vacances ! Tous les députés conservateurs de la Dordogne, sauf M. Thirion-Montauban, qui n'a pas pris part au vote, se sont prononcés contre cette dépense tout-à-fait inutile, à laquelle MM. Chavoix et Garrigat ont, au contraire, donné leur adhésion. C'était le 21 mars 1879. M. Roger n'était pas encore député.

Un mois auparavant, un député de la droite, M. Colbert-Laplace, avait fait une proposition tendant à améliorer la situation des instituteurs-adjoints, fonctionnaires de l'enseignement public aussi modestes que méritants. **MM. Chavoix et Garrigat ont voté contre.**

Nous n'en finirions pas si nous voulions énumérer tous les votes anti-démocratiques de ces députés républicains. Rappelons seulement encore que, le 31 juillet 1879, ils s'opposèrent à la réduction des droits de détail sur les boissons, et l'année suivante, avec M. Roger, à la suppression des droits de circulation, qui contribuent tant à rendre inabordable pour l'ouvrier le prix du vin, — du vin dont il aurait besoin cependant plus que personne, pour réparer ses forces après sa journée de travail.

M. Chavoix était allé plus loin, le 21 mars 1878 : il avait concouru par son vote au rejet d'un amendement de M. de Bouville tendant à affranchir de tout droit de circulation *le râpé* et *la piquette*. C'est, personne ne l'ignore, la boisson du travailleur et du pauvre. Or, qui le croirait ? elle est assujettie aux mêmes taxes que le vin le plus luxueux.

Il y a là une anomalie des plus injustes et des plus criantes.

Ouvriers, n'oubliez pas que c'est aux républicains en général et à M. Chavoix en particulier que le maintien en est dû.

De pareils votes doivent être pour vous des traits de lumière et vous faire enfin connaître ces prétendus démocrates qui, quand ils ont besoin de vos voix, vous visitent, vous encensent, vous comblent de promesses et d'adulations, mais qui, une fois hissés par vos suffrages aux honneurs convoités et au pouvoir, se détournent de vous et, niant la question sociale, négligeant toutes les réformes qui seraient pour vous d'un intérêt direct et capital, croient avoir assez fait pour votre bonheur quand ils ont fermé quelques couvents ou remplacé quelques fonctionnaires. En quoi votre condition a-t-elle été changée, depuis quatre ans, à son avantage ? Travaillez-vous une heure de moins ? Gagnez-vous un centime de plus ? Payez-vous moins d'impôts ?

Par exemple, si tant d'hommes auxquels vous avez servi de marchepied ne se sont pas occupés de vous, ils ne se sont pas oubliés eux-mêmes. Il en est parmi eux qui, avant l'avènement de la République, ne possédaient ni sou ni maille. Aujourd'hui, voyez-les : ils roulent en carrosse, habitent des palais, fument *des cigares exquis,* sablent chaque jour le champagne et se paient le luxe de prendre à leur service des cuisiniers de ducs. Que vous faut-il de plus ? Vous manquez de tout, il est vrai, mais eux ne manquent de rien. Tout, dès lors, n'est il pas pour le mieux dans la meilleure des Républiques ?

Eh bien ! non, il est temps que vous ouvriez les yeux, que vous sachiez discerner vos véritables amis, et que vous retiriez votre confiance à ceux qui, jusqu'à présent, au lieu de vous servir, n'ont pensé qu'à se servir de vous.

III

La Prospérité.

Une des promesses les plus réitérées et les plus solennelles que la défunte chambre des députés et le gouvernement actuel nous aient faites, c'est celle de la prospérité.

Elle est même, par ordre de date, la première que le pays ait recueillie. Après le 19 mai, quand les républicains reprirent possession du pouvoir, de ce pouvoir chéri dont la perte momentanée les avait si violemment surexcités, nous lûmes, apposée sur tous nos murs, cette déclaration officielle :

La fin de cette crise sera le point de départ d'une nouvelle « ère de prospérité. »

Voilà la promesse. A-t-elle été tenue ? Examinons.

*
* *

Dans les quatre années qui viennent de s'écouler, l'état de stagnation et de malaise où végète notre industrie, loin de cesser, n'a fait partout qu'empirer. Des grèves nombreuses, en éclatant, à plusieurs reprises, sur divers points du territoire, ont mis à nu cette situation, profondément alarmante au double point de vue de la production nationale et du bien-être des classes ouvrières.

Tout le monde sait, d'autre part, combien notre commerce intérieur est languissant. Quant à notre commerce avec l'étranger, les statistiques officielles publiées chaque mois nous offrent à constater un fait douloureux. Autrefois nous nous enrichissions, parce que nous vendions plus que nous n'achetions ; aujourd'hui le chiffre de nos ventes est de beaucoup inférieur à celui de nos achats.

De 1847 à 1857, les exportations, en France, ont dépassé les importations de 1 milliard 467 millions, et, dans la période décennale suivante, de 2 milliards 195 millions ; soit, en 20 ans, 3 milliards 562 millions qui, versés dans nos caisses par les pays étrangers, ont augmenté d'autant notre épargne nationale.

Depuis 1870, le contraire a eu lieu. Les puissances avec lesquelles nous faisons des échanges ont reçu de nous près de **deux milliards** de plus qu'elles ne nous en ont versé. Dans les quatre dernières années, notamment, nos importations sont toujours allées en augmentant, et nos exportations en diminuant.

Mais, quelles que soient, chez nous, les souffrances de l'industrie et du commerce, elles y sont moindres encore que celles de l'agriculture. Assurément nous ne songeons pas à rendre la République responsable de l'intempérie des saisons ni des ravages du phylloxéra. Il faut bien reconnaître cependant que si, dans nos campagnes, la misère va toujours progressant, il y a beaucoup de la faute des hommes qui nous gouvernent.

Eh quoi ! le cultivateur a vu s'abattre sur ses récoltes des fléaux exceptionnels ; il a vu diminuer, dans des proportions considérables, toutes les ressources de son travail. Que devait faire la République ? Venir en aide à nos populations rurales en réduisant les charges si lourdes dont sont grevées leurs propriétés. Elle devait, avant tout, pour cela, modérer elle-même ses dépenses, les restreindre le plus possible, essayer enfin de réaliser CE GOUVERNEMENT A BON MARCHÉ qui est aussi l'une des espérances dont jadis elle nous a le plus bercés.

Eh bien ! elle a fait exactement le contraire. Elle a jeté l'argent à profusion et grossi démesurément de cette façon le budget de l'Etat. Voyez plutôt :

Le dernier budget de l'Empire, celui de 1869, s'est élevé à la somme de un milliard 840 millions 563 mille 831 francs 22 centimes, ainsi que cela résulte de la loi du 27 décembre 1875 qui en a porté règlement définitif.

Le budget de 1882, voté par la dernière chambre des députés avant sa séparation, a été arrêté à la somme de 2,818,662,033. Encore ne parlons-nous que du budget ordinaire alimenté par les impôts. Le budget sur ressources extraordinaires, le budget sur ressources spéciales et les budgets annexes élèvent ce chiffre à 3,854,484,807.

Ainsi, budget de 1882...................	2,818,662,933
Budget de 1869......................	1,840,563,831
Différence.....................	978,099,102

Le budget de 1882 dépasse donc d'**un milliard,** en chiffres ronds, le budget de 1869.

Il est juste, il est vrai, de tenir compte des dépenses motivées par la guerre de 1870 et par la Commune. M. Thiers les évaluait à 450 millions. Défalcation faite de ce chiffre, il reste encore **500 millions** d'augmentations opérées par la République en dix années, soit 55 millions par année. En 1882, l'augmentation, par rapport à 1881, est exactement de 55 millions 262 mille 510 francs.

Tous nos chiffres sont officiels, et nous mettons les républicains au défi d'en contester l'exactitude.

Pour les seuls traitements civils, l'augmentation est, en 1882, comparativement à 1869, de 79 millions, non compris 14 millions et demi pour les pensions de retraite.

Au budget de 1869, en effet, l'ensemble des traitements civils calculé par la retenue de 5 p. 100, figurait pour 253 millions 528 mille francs. Cette année,

la même dépense, calculée de la même manière (av[e]
trois départements de moins) se monte à 331 million[s]

Désormais les républicains seraient mal venus à dé[·]
clamer contre la liste civile des anciens souverain[s]
ils ont leur liste civile, à eux, qu'ils se partagent. Apr[è]
avoir long-temps réprouvé le développement du fon[c]
tionnarisme, voilà qu'ils le favorisent plus qu'auc[un]
régime passé ; les voilà multipliant les sinécures qu'i[ls]
dotent grassement ! Ne faut-il pas distribuer des e[m]
plois aux agents électoraux et à tous les faméliques [du]
parti ?

***

On n'a pas, du reste, à gaspiller que les seules re[s]
sources de l'impôt ; le budget extraordinaire, alimen[té]
par l'emprunt, n'est-il pas là ? depuis 1875, la Répu[·]
blique a emprunté soit à la Banque, soit en obligatio[ns]
sexennaires, soit en rente amortissable, **3 milliard**[s]
382 millions. Elle empruntera **huit milliard**[s]
encore d'ici à cinq ou six ans.

De tels chiffres nous donnent beaucoup à penser, su[r]
tout quand nous nous rappelons l'énormité de la det[te]
française, dont le capital se monte à **27 milliards**[,]
non compris les dettes communales et départemental[es]
qui forment un total environ de 5 milliards. Les inté[·]
rêts qu'exige la dette française se chiffrent par près [de]
1,300 millions. Il n'y eut jamais, pour une nation, u[ne]
situation financière plus obérée.

C'est à quoi la République ne paraît pas songer. El[le]

se montre d'une prodigalité dont il est grand temps que les électeurs, qui tous ou presque tous sont en même temps contribuables, se décident à arrêter les frais.

Pour tàcher de donner le change au pays, les républicains se plaisent à faire passer sous ses yeux le tableau des excédants de recettes produits par les contributions indirectes, excédants qu'ils présentent comme un signe de prospérité.

Il ne faut y voir, selon nous, que la preuve, d'abord des qualités industrieuses, actives, laborieuses du peuple français, et, de plus, de l'heureux perfectionnement apporté par l'Assemblée nationale de 1871 dans les procédés fiscaux. Ces procédés laissent aujourd'hui peu de place à la fraude. Le Trésor obtient par là d'énormes rentrées de fonds dont jadis il était frustré.

C'est, d'ailleurs, sur les recettes des douanes et sur les droits d'enregistrement, que portent les principales plus-values ; or, en ce qui concerne les douanes, nous avons établi plus haut que nos importations sont de beaucoup supérieures à nos exportations, et personne ne saurait, évidemment, considérer comme un indice de notre prospérité les achats considérables que nous sommes forcés de faire à l'étranger, par exemple, en céréales et en vins. Quant à l'enregistrement, c'est l'obligation de déclarer les baux qui est devenue pour le Trésor la plus abondante source de revenus. Donc,

rien, non plus, de significatif là dedans au point de vu
de la prospérité.

Ajoutons que si les impôts indirects, perçus surtou
comme on sait, dans les villes, donnent de si favorable
résultats, il y a cette conclusion à en tirer : qu'ils n
sont pas aussi excessifs, aussi onéreux, que le préten
dent généralement les radicaux ; car ceux-ci ne cessen
de demander qu'on les allège ou même qu'on les sup
prime, pour grever d'autant l'impôt direct, dont le
campagnes supportent presque tout le poids.

[*]

Une autre conséquence encore est à dégager d
l'existence des plus-values. Le contribuable n'est, e
bonne justice, tenu qu'aux charges rigoureusement né
cessaires. Or, si les rentrées ont sur certains article
dépassé les prévisions du parlement, c'est qu'on avai
à cet égard exigé du pays plus qu'il ne devait. Le
excédants doivent donc lui être entièrement restitués
Il y a un droit absolu : ils sont sa propriété.

Ce n'est pourtant pas ainsi que l'ont entendu, jus
qu'à présent, le gouvernement et la majorité républi
caine. Ils ont bien opéré quelques dégrèvements, mai
pour une somme très-inférieure à celle des plus-values
dont la plus grosse part a été dévorée par des crédit
supplémentaires destinés à satisfaire le plus souven
des intérêts électoraux.

Cette année, M. Rouvier, dans le rapport fait a

nom de la commission du budget, avait peut-être, en forçant un peu le chiffre, fixé à 285 millions 933 mille 204 francs les dégrèvements effectués depuis quatre ans, mais il y avait compris le dégrèvement sur le papier que la chambre, finalement, n'a pas voté : ce sont 16 millions à retrancher. Reste 269 millions, soit en moyenne 67 par année. Or, c'est par centaines de millions que, tous les ans, se sont chiffrées les plus-values.

La chambre a donc sur ce point lésé les contribuables.

Et, cependant, que de taxes dont l'abolition ou tout au moins la réduction était et reste extrêmement urgente ! Comme il importerait, par exemple, de dégrever l'impôt foncier !

La propriété rurale est accablée. Veut-on savoir tout ce qu'elle paie ? Qu'on lise cet extrait du discours prononcé par un honorable député de la droite, M. Gaudin, dans la séance de la chambre du 16 juin 1881 :

Quelle est donc, messieurs, la part effectivement supportée par l'agriculture ? La voici :

Principal et centimes additionnels........	264,480,000 fr.
Portes et fenêtres.....................	42,423,000
Contribution personnelle et mobilière.....	44,236,000
Enregistrement et timbre...............	282,369,000
Taxe des biens de main-morte..........	3,934,000
Total...........	637,442,000 fr.
Plus la prestation en nature...........	57,000,000
Total général.....	691,442,000 fr.

Et ce n'est pas tout, car le cultivateur paye en sus sa part des contributions indirectes.

Par conséquent, en dehors de cette part énorme des contributions directes, elle paye sa part de tous les impôts indirects, et j'ajouterai, avec ceux de mes collègues qui sont promoteurs des idées libres-échangistes, qu'elle supporte encore une prime que, suivant eux, rien ne justifie, accordée aux autres industries par les droits de douanes, qu'on a refusé de mettre sur les produits agricoles de provenance étrangère.

Au bas mot, on peut évaluer à **1,200** millions les prélèvements de toute nature que le malheureux agriculteur est obligé d'opérer, en faveur de l'Etat, sur le produit de son labeur si ingrat.

Oui, 1,200 millions ! Telle est **sa dîme** d'aujourd'hui !

Et c'est quand il plie sous ce poids écrasant et quand, d'autre part, il est aux prises avec des calamités de toute espèce, c'est alors qu'un ministre, M. Barthélemy Saint-Hilaire, est venu, dans un discours prononcé au concours régional de Versailles, lui signifier que l'Etat ne peut rien pour lui !

Quoi ! lorsque l'Etat trouve des millions et des millions à jeter dans le gouffre encore insondable ouvert par l'aventure tunisienne ; lorsqu'il a des fonds (et il lui en faut beaucoup) pour payer tant de lampions allumés partout en l'honneur du 14 juillet ; lorsqu'il est en état, ainsi que l'annonçait fièrement, il y a peu de jours, M. Jules Ferry, de consacrer 22 millions pour rebâtir la Sorbonne, dont la reconstruction aurait pu facilement attendre quelques années encore... Quoi, lorsqu'il sème notre argent avec la prodigieuse facilité que l'on sait, il serait vrai qu'il n'a pas une obole à mettre à la disposition de nos cultivateurs ! Il serait vrai qu'il y a pour lui impossibilité d'alléger d'une quarantaine de millions la lourde charge qu'ils supportent !

Plusieurs catégories de contribuables, auxquels on avait dû, à la suite de la guerre de 1870, imposer un surcroît de charges, ont été successivement allégées : on n'a rien fait pour les cultivateurs. Pourquoi ? Ils ont participé pourtant dans la plus large mesure à la contribution de guerre. Le 6 mars 1874, notre éminent et regretté compatriote M. Magne, alors ministre des finances, a pu dire avec raison à l'assemblée nationale : « Si l'on fait bien le compte, on reconnaît que la propriété, directement ou par ses produits, a supporté environ *les deux tiers* des nouvelles charges. » Il y avait un million à peine de patentés : la chambre a jugé d'intérêt général de les dégrever. N'est-il donc pas d'intérêt plus général encore de dégrever les agriculteurs, qui sont autrement nombreux ?

La chambre aurait donc fait œuvre de justice en dégrevant l'impôt foncier : elle ne l'a pas voulu.

Dès 1880, le 3 juillet, la proposition lui fut faite de réduire de 35 pour cent le principal de cet impôt payé par la propriété non bâtie. La chambre repoussa cette réduction. Tous les députés conservateurs de la Dordogne votèrent pour. **MM. Chavoix et Garrigat votèrent contre. M. Roger s'abstint.**

Cette année, le 11 juillet, la proposition a été reprise, un peu modifiée. Elle n'a pas obtenu un meilleur sort. Sauf M. Thirion-Montauban, qui était absent, tous les députés conservateurs de la Dordogne ont voté pour. **MM. Chavoix et Garrigat ont persisté à voter contre. M. Roger a continué de s'abstenir.**

Nous appelons sur ces votes de la majorité républicaine et de ses trois représentants dans la Dordogne toute l'attention des électeurs de la campagne : candidats aujourd'hui, ces messieurs iront les voir, la bouche enfarinée ; ils ne leur épargneront pas les belles promesses pour l'avenir. Mais les cultivateurs, se souvenant du passé, sauront ne pas se laisser prendre à leurs hypocrites cajoleries.

Quant aux autres candidats républicains de la Dordogne, s'ils avaient fait partie, le 3 juillet 1880 et le 11 juillet 1881, de la chambre des députés, ils auraient exactement voté, qu'on en soit sûr, comme MM. Chavoix et Garrigat, ou comme M. Roger, et comme toute la gauche.

Aussi, l'un deux, M. Escande, aura beau chercher à se poser, pour son intérêt électoral, en apôtre du dégrèvement de l'impôt foncier ; il aura beau écrire des articles et publier des brochures en faveur de cette cause : qu'il le veuille ou non, il est solidaire de son parti, et pas plus que ses coreligionnaires, il n'échappera, devant le corps électoral, à la responsabilité qui revient à la République dans le refus de diminution de la taille.

Si le fardeau de l'impôt foncier est trop lourd pour les agriculteurs en général, il l'est plus particulièrement pour ceux du Périgord.

Il règne, en effet, une grande inégalité dans la répartition de la taille entre les départements. Les uns paient 6 et même 6,50 pour cent de leurs revenus ; d'autres 4 pour cent seulement. Prenez, par exemple, dans le Tarn-et-Garonne, une propriété rapportant 2,000 francs par an, et prenez dans la Meurthe une autre propriété d'un produit exactement pareil ; si la première paie 400 francs de cote foncière, la seconde n'en paiera que 230 environ.

La moyenne de l'impôt établi sur la terre est de 4,24 pour cent ; mais cette moyenne est dépassée dans 48 départements, au nombre desquels figure la Dordogne. Elle s'élève chez nous à 5,33.

On conçoit l'intérêt qu'ont nos agriculteurs à la fixation d'une même base, d'un même prorata pour la répartition de la taille entre tous les départements, ou,

pour nous servir de l'expression technique, à la *péré-
quation* de l'impôt foncier. Aussi, dans le cours de la
dernière session législative, les cinq députés conservateurs de la Dordogne, MM. Lanauve, Maréchal, Sar-
lande, Taillefer et Thirion-Montauban, ont-ils, avec
quelques-uns de leurs collègues d'autres départements,
présenté dans ce sens un amendement au budget. Ils
ont proposé de diminuer de quarante millions la contribution directe sur les propriétés rurales non bâties,
« en affectant ce dégrèvement à niveler les contingents
de l'impôt foncier entre les divers départements. »

La première partie de leur proposition ayant été,
comme on l'a vu, rejetée par la majorité républicaine,
MM. Chavoix et Garrigat compris, il n'y a pas eu lieu
de mettre en discussion la seconde partie. Nous n'en
devons pas moins des félicitations et des remercie-
ments à nos députés conservateurs pour leur initiative
qui, si elle avait abouti, aurait eu comme résultat,
d'après un calcul officiel, une réduction de près de
500,000 francs dans le contingent de la Dordogne.
Notre département, en effet, au lieu de payer, comme
aujourd'hui, 2,210,934 fr., n'aurait eu désormais à
payer que 1,753,163 francs.

Etant donné l'importance qu'aurait, on vient de le
voir, pour les agriculteurs du Périgord, le retablisse-
ment de l'égalité entre les départements au point de
vue de la répartition de la taille, on ne sera peut-être
pas médiocrement étonné d'apprendre que, le 1er août
1879, un projet de loi, qui portait ouverture d'un cré-

dit destiné à préparer cette réforme, ayant été présenté à la chambre des députés, il s'est trouvé un représentant de la Dordogne pour voter **contre**; il s'agit, cela va presque sans dire, d'un représentant républicain, qui est M. Chavoix.

Nous aimerions à pouvoir, dans cette circonstance, invoquer à son bénéfice l'excuse évangélique et dire aux électeurs : « Pardonnez-lui, car il n'a pas su ce qu'il faisait ! » Mais, après avoir jeté les yeux sur le tableau de tous ses votes intéressant l'agriculture, on se demande si chez lui, aussi bien d'ailleurs que chez ses deux collègues républicains de la Dordogne, ce n'est pas un système de repousser toute mesure qui profiterait à cette grande branche de notre production nationale.

Le 27 février 1879, il avait été présenté une proposition relative aux secours à accorder aux propriétaires dont les vignes sont ravagées par le phylloxéra. Elle fut rejetée par la chambre *avec le concours de M. Chavoix.*

Le 21 février 1878, un député demanda qu'on élevât de 50,000 francs le chiffre des subventions aux comices agricoles. La chambre s'y refusa, toujours *avec le concours de M. Chavoix,* et en outre, cette fois, de *M. Garrigat.*

Le 18 juin 1880, ce fut au tour de *M. Roger* de contribuer, avec l'appoint de sa voix, à faire repousser une nouvelle demande d'augmentation des subventions pour les comices agricoles.

Le 8 mars 1881, M. des Rotours sollicita et, plus heureux que les auteurs des propositions précédentes, obtint de la chambre une certaine élévation du chiffre de l'indemnité allouée aux propriétaires des animaux morts de la peste bovine ou par suite de l'inoculation de la péripneumonie contagieuse. *M. Chavoix vota contre, M. Roger s'abstint.*

Notons encore le vote émis, le 19 juin 1880, par MM. Chavoix et Garrigat contre tout encouragement à l'industrie chevaline, et le vote plus criant de MM. Garrigat et Roger contre une proposition, adoptée du reste par la chambre le 13 décembre 1880, proposition tendant à mettre dans le budget, à la disposition du ministre de l'intérieur, une somme de 300,000 francs pour être distribuée aux familles nécessiteuses des soldats de la réserve et de l'armée territoriale.

Dans toutes les occasions que nous venons d'énumérer, les cinq députés conservateurs de la Dordogne ont unanimement soutenu de leur vote les intérêts de l'agriculture.

Habitants des campagnes, vous vous en souviendrez, le 21 août, comme vous vous souviendrez que les républicains, qui vous refusent tout, à vous, se livrent, pour d'autres, et à vos dépens, à des prodigalités inouïes !

Vous vous souviendrez que, non contents de gaspiller votre épargne, non contents de vous prendre, en ce moment même, le sang de vos fils pour combattre une insurrection générale provoquée dans l'Algérie par la folle expédition tunisienne, ils veulent vous ravir aussi votre autorité de pères de famille. Si la loi sur l'obligation de l'instruction primaire, votée par la majorité républicaine et notamment par MM. Chavoix, Garrigat et Roger, obtient la sanction définitive du sénat, vous n'aurez pas, même à l'époque de vos plus grands travaux, pour lesquels il vous est souvent indispensable de les utiliser, vous n'aurez pas la liberté de retenir un seul jour à la maison vos enfants en âge de fréquenter l'école. Leur absence de la classe entraînerait, en effet, pour vous, l'amende et quelquefois la prison.

Vous vous souviendrez que les républicains ne vous ont jamais témoigné que du dédain, et qu'un jour, voulant jeter à la face d'une grande assemblée, votre élue, quelque outrage bien sanglant, ils n'ont rien trouvé de mieux que ce mot : assemblée de ruraux !

Vous vous souviendrez que, parmi leurs candidats de la Dordogne, tel qui vous prodigue aujourd'hui des flatteries et des caresses dont le mobile intéressé ne vous échappe pas, vous a publiquement diffamés de la manière la plus grave, il y a quelques années !

Vous vous souviendrez enfin que les conservateurs ont été vos amis les plus constants et les plus dévoués, et nous en sommes bien convaincus, c'est à leurs candidats que, comme toujours, vous donnerez vos suffrages, le 21 août courant !

IV

Les Principes conservateurs.

Des griefs que nous avons articulés jusqu'ici, la légitimité ne saurait être bien sérieusement contestée par personne, même dans le parti républicain, mais on nous dira peut-être :

Ce que vous reprochez à la République, est-ce que d'autres gouvernements, et notamment l'Empire, dont vous vous accommodiez à merveille, et dont peut-être vous vous accommoderiez encore, ne l'ont pas fait? Vous vous taisiez alors : pourquoi donc criez-vous si fort aujourd'hui?

Voici notre réponse, que déjà, du reste, nous avons fait pressentir à la page 46.

D'abord, en ce qui touche la démocratie, et surtout en ce qui touche la prospérité, l'objection n'est nullement fondée. L'Empire a donné sous ce double rapport, au pays, de larges satisfactions.

Mais, en ce qui concerne la liberté, c'est vrai : l'Empire nous l'a refusée longtemps, et s'il a fini par nous l'octroyer, plus complète que nous ne l'avons aujourd'hui, c'est tout à fait sur le tard.

Oui ! Mais il y avait à cela des dédommagements. A défaut de la liberté, nous avions la sécurité, la stabilité, la tranquillité, cette tranquillité qui, au témoignage même de M. Littré, républicain des plus authentiques, comme on sait, est impossible sous le régime actuel.

***

L'Empire, surtout dans sa belle période de 1852 à 1865, fut une époque de triomphe pour le principe d'autorité. Or, il n'existe peut-être pas d'incompatibilité absolue entre l'autorité et la liberté, mais la conciliation est difficile. Cette conciliation est le problème que, de tout temps, chez les peuples civilisés, on s'est posé, et voilà déjà bien des siècles qu'un grand historien de Rome, Tacite, n'hésitait pas à le proclamer insoluble : *auctoritatem et libertatem, res dissociabiles.* On conçoit donc qu'un gouvernement ne puisse pas toujours nous assurer les deux bienfaits à la fois ; mais de qui nous refuse l'un, nous sommes en droit, à coup sûr, d'exiger l'autre.

Puisque la République, telle qu'elle a fonctionné depuis quatre ans, n'a pas été libérale, il aurait fallu qu'au moins elle fût conservatrice, et elle ne l'a pas été.

***

Quel est le principe social qu'elle n'ait bien soit méconnu, soit menacé ?

Est-ce le principe d'autorité dont nous parlions tout à l'heure ? Qui ne sait combien elle l'a souvent abaissé devant la Révolution par ses concessions aux radicaux, notamment dans la question de l'amnistie ! Nous aurions compris qu'on fît grâce à tous les soldats et même aux chefs de la Commune non condamnés pour crimes de droit commun ; — mais avoir rouvert les portes de la France aux assassins des ôtages, aux incendiaires et aux pillards, c'est un acte d'insigne et honteuse faiblesse, et n'oublions pas que, parmi ceux qui l'ont commis, figurent *MM. Chavoix, Garrigat et Roger.*

Est-ce la religion, et notamment la religion professée par la majorité des Français, c'est-à-dire le catholicisme ? Depuis le cri de guerre poussé du haut de la tribune, il y a quatre ans, par M. Gambetta, le catholicisme, pour nos gouvernants, *c'est l'ennemi.* La haine qu'ils lui ont vouée s'est traduite sous toutes les formes, spécialement par la laïcisation, et des écoles, et des hôpitaux, et par la loi qui, soumettant les séminaristes et les instituteurs aux obligations du service militaire, a pour but de supprimer les vocations ecclésiastiques. MM. Chavoix, Garrigat et Roger ont voté cette loi.

Il n'a même pas tenu à M. Chavoix que la chambre n'allât plus loin dans la voie de l'iniquité et qu'elle n'accordât aux instituteurs le privilége de ne servir qu'un an, alors qu'elle le refusait aux séminaristes. Une proposition avait été présentée dans ce sens, et M. Chavoix l'appuya de son vote.

D'autre part, MM. Chavoix, Garrigat et Roger se sont prononcés, avec ensemble, le 21 décembre 1880, contre un amendement tendant à comprendre l'*instruction morale et religieuse* dans le programme de l'enseignement scolaire, amendement qui, d'ailleurs, a été repoussé. Plus récemment, la chambre a rejeté aussi le célèbre amendement de M. Jules Simon, aux termes duquel les maîtres seraient tenus d'enseigner à leurs élèves les devois envers *Dieu* et envers la patrie. **MM. Chavoix et Garrigat ont voté contre.** M. Roger était absent. Nous avons à peine besoin de dire que les députés conservateurs de la Dordogne ont unanimement voté *pour Dieu*, comme précédemment ils avaient voté pour l'instruction morale et religieuse.

Le dénombrement de tous les votes anti-catholiques de nos trois députés républicains demanderait trop de place ; citons seulement les principaux.

MM. Chavoix et Garrigat ont voté pour la suppression de l'aumônerie militaire, pour la diminution du traitement des archevêques et évêques, contre les subventions aux congrégations hospitalières et charitables, contre l'indemnité des cardinaux, contre un crédit pour l'entretien des édifices diocésains et pour les maîtrises ; ils ont voté pour la suppression des chapelains de Sainte-Geneviève, etc., etc.

MM. Chavoix et Roger ont voté contre le chapitre de Saint-Denis.

M. Roger a voté pour la diminution du crédit affecté à l'ambassade près le Vatican.

Enfin M. Chavoix a voté pour la suppression du budget des cultes, pour la réduction d'une partie des crédits affectés aux chanoines, etc., etc.

****

Si nos républicains ont desservi de leur mieux la religion, ont-ils été plus favorables à la *famille* ? On n'a pas oublié la campagne menée en faveur du divorce, auquel il n'a manqué que quelques voix pour être adopté par la chambre. M. Chavoix fut inscrit à l'*Officiel* comme ayant voté *pour*, mais il a déclaré depuis qu'il avait eu l'intention de voter contre. Malheureusement pour lui, c'est à deux reprises que la chambre a été appelée à se prononcer sur le principe du divorce, la première fois quand il s'agit de savoir si l'on passerait à la discussion des articles et la seconde fois quand on eut à voter sur l'article 1er.

Or, aux deux reprises, M. Chavoix a figuré, sur la liste du scrutin, parmi les députés ayant voté pour.

****

Quant à la propriété, la République y a porté, l'an dernier, les plus graves atteintes quand elle a violé les domiciles de plusieurs milliers de religieux et quand elle a expulsé ceux-ci d'établissements dont ils étaient tantôt seulement les locataires, tantôt les possesseurs légitimes.

Résumons-nous. Ni conservatrice, ni libérale, ni
mocratique, ni économe, ni économique, voilà ce
e la République a été depuis quatre ans à l'inté-
eur.

V

La Paix.

A l'extérieur, la République nous devait le maintien de la paix ; non pas, à coup sûr, de la paix à tout prix, mais d'une paix compatible avec notre honneur national La République nous devait le maintien de la paix, autant pour satisfaire aux aspirations du pays — très nettement manifestées en ce sens dans toute occasion, depuis nos malheurs, — que pour tenir ses engagements envers les électeurs ; car en 1877, presque partout, les candidats républicains ne furent nommés qu'en exploitant notre horreur très prononcée pour la guerre.

*_**

D'après un adage célèbre, être toujours prêt pour la guerre est le meilleur moyen de conserver la paix. Or, être prêt pour la guerre, c'est avoir sous la main une force défensive solidement constituée. Elle existait quand le maréchal de Mac-Mahon a quitté le pouvoir. Mais depuis nous avons vu la politique, élément dissolvant par excellence, introduite dans l'armée. Nous avons vu les plus illustres de nos généraux, les Canrobert, les Bourbaki, tous ceux qui comptaient les plus glorieux états de services et portaient un nom populaire et respecté parmi les troupes, nous les avons vus frappés de suspicion, exclus de tout commandement et remplacés par les politiciens dont les étoiles avaient été gagnées, non pas sur les champs de bataille, mais sur les bancs de la représentation nationale. Puis, le ministère de la guerre est échu au général Farre, une créature de M. Gambetta, dont tout le monde a pu constater, au moment des préparatifs de l'expédition de Tunisie, la profonde incapacité administrative. Notre armée nous est alors apparue dans un état complet de désorganisation qui a douloureusement affecté tous les patriotes, en même temps qu'il a beaucoup réjoui nos bons amis les Allemands.

**

Du reste, les républicains ont beau multiplier, surtout depuis quelque temps, leurs déclarations de sympathie pour l'armée ; personne ne s'y trompe, personne n'ignore qu'ils ne l'aiment pas.

Tout récemment encore, ils en ont fourni la preuve par les difficultés qu'ils ont opposées à l'augmentation des pensions de retraite des vieux soldats et sous-officiers et par leur refus formel d'apporter une amélioration du même genre au sort des anciens officiers supérieurs et subalternes. Nos trois députés républicains, et M. Garrigat tout particulièrement, se sont signalés dans cette circonstance par leur mauvais vouloir.

Déjà, le 31 mai 1878, la chambre avait rejeté une proposition tendant à porter à 333 francs le minimum de la pension des veuves des soldats et des matelots. Tous les députés conservateurs de la Dordogne avaient voté pour. M. Garrigat avait voté contre. M. Chavoix s'était abstenu.

A la même époque, MM. Chavoix et Garrigat ont voté contre la fixation à 2 %, au lieu de 5 %, de la retenue opérée sur la solde des officiers ; contre une disposition conférant le droit à une pension à la veuve de tout fonctionnaire et agent inférieur de la marine mort en activité après 25 ans de services effectifs ; ils ont encore voté contre une disposition conférant aux orphelins du militaire, du marin ou du fonctionnaire civil de la marine, mort après 25 ans de service, le droit à un secours égal à la pension qui aurait pu être allouée à leur mère ; ils ont voté également contre un amendement tendant à augmenter l'allocation pour secours à d'anciens militaires et à leurs veuves ou orphelins privés de moyens d'existence.

Le 25 juin 1880, ils se sont aussi prononcés, en compagnie de M. Roger, contre un crédit destiné à accorder une première mise de fonds de 200 francs aux officiers de l'armée territoriale qui en feraient la demande.

Tous les trois, dans le même mois, se sont associés au rejet d'une proposition de M. Keller qui avait pour objet d'élever la solde des officiers de toutes armes, etc., etc.

Il convient aussi de signaler le vote de M. Chavoix contre le crédit pour les invalides.

On le voit : nos députés républicains, si prodigues de millions, par exemple pour les victimes d'un coup d'Etat accompli avec l'assentiment manifeste de la France et suivi d'ailleurs immédiatement d'une éclatante ratification du suffrage universel, nos députés républicains se sont montrés d'une parcimonie extrême toutes les fois qu'il s'est agi de ceux qui ont versé ou qui sont appelés à verser leur sang pour le pays.

En revanche, le gouvernement, quand il lui a plu d'exposer nombre de vies humaines et de millions en adoptant au dehors la politique d'aventures dont nous allons parler maintenant, il a recueilli de la part de la majorité de la chambre, et notamment de la part de MM. Chavoix, Garrigat et Roger, autant d'ordres du jour de confiance et de blancs-seings qu'il a voulu.

A la suite de ses désastres, la France avait admirablement compris la nécessité de consacrer tous ses efforts à l'œuvre de son relèvement ; elle avait résolu de ne s'en laisser détourner par aucune diversion extérieure. Aussi se garda-t-elle, tant que dura l'assemblée nationale, de toute immixtion dans les affaires européennes. Sa politique fut une politique d'abstention rigoureuse.

Notre participation au Congrès de Berlin fut une première déviation de cette sage politique. Ce fut une faute que la droite, par une interpellation de M. Dréolle, essaya, mais en vain, de conjurer. Le représentant de la France, M. Waddington, partit, après s'être fait donner, pour ainsi dire, carte blanche par la chambre des députés, sous la forme d'un ordre du jour de confiance.

Au Congrès de Berlin, M. Waddington souleva, chacun se le rappelle, la question grecque ; il proposa d'agrandir le royaume hellénique au détriment de la Turquie. Pourquoi? Quel besoin avait-il d'introduire dans les affaires d'Orient, déjà trop compliquées, ce nouvel élément de trouble et de conflit? La question grecque n'était point posée dans le traité de San-Stéphano, qu'il s'agissait seulement d'examiner. La Russie n'avait point élevé de réclamation en ce sens.

L'initiative de M. Waddington était donc un acte d'hostilité gratuite à l'égard de l'empire ottoman, qui en fut et qui en est resté profondément froissé.

Cette initiative eut des résultats qui, à un moment donné, faillirent être des plus graves. On put croire, pendant plusieurs mois, à une conflagration qui serai aisément devenue générale. M. Gambetta, avec sa fougue habituelle, épousa la cause grecque et tenta d'entraîner le gouvernement dans une intervention armée au besoin, en faveur des revendications helléniques. De là l'incident de la mission du général Thomassin, auquel ne tarda pas à s'ajouter l'envoi de notre

te devant Dulcigno. Quand on sut dans le pays que
 forces, les forces d'une nation renommée jusque-
 our son caractère chevaleresque, étaient employées
 âcher d'intimider un petit peuple qui luttait héroï-
 ment pour son autonomie, pour son indépendance,
 notion fut considérable, si bien que le gouvernent et M. Gambetta jugèrent à propos de mettre une
 rdine à leurs ardeurs belliqueuses.

 'est bientôt après, cependant, que fut prononcé le
 cours de Cherbourg qui sentait tant la poudre ; c'est
 peu plus tard encore que M. Gambetta laissa tomber
 la tribune de la chambre cette parole inquiétante :
 'ai mes vues personnelles au point de vue extérieur ;
 saurai attendre ! »

 'ette attente, M. Gambetta s'y résignait sous la
 ssion du pays qui n'entendait pas se départir d'une
 tude pacifique et qui devait être, à quelque temps
 là, violemment impressionné quand il apprit, par
 e communication du gouvernement anglais à la
 hambre des communes, que le ministère français,
 violation de la neutralité entre la Turquie et la Grèce,
 étaient sur le point d'en venir aux mains, venait de
 dre une certaine quantité d'armes et de la poudre
 stinées à cette dernière puissance. L'émotion publique
 traduisit à la tribune par une interpellation : la
 jorité, fidèle à son système d'approbation quand
 me, refusa d'émettre un ordre du jour de blâme.
 s cinq députés conservateurs de la Dordogne
 tèrent pour. Les trois républicains votèrent contre.

***

En attendant, le mécontentement de la Porte et du monde ottoman contre la France allait croissant. Est-ce sous l'empire de ce mécontentement que le bey de Tunis, vassal du sultan de Constantinople, se montra moins accommodant qu'autrefois à l'égard de divers entrepreneurs français que protégeait notre consul, M. Roustan, et qui étaient en instances auprès du gouvernement de la Régence pour obtenir des monopoles ? C'est possible. Toujours est-il que la compagnie du chemin de fer de Bône à Guelma se vit refuser un prolongement de ligne qu'elle sollicitait ; qu'une autre société française échoua dans ses démarches tendant à être autorisée à exploiter les eaux thermales de Carthage ; qu'une autre société française encore, ayant acheté un vaste domaine appelée l'*Enfida*, se vit opposer, par des nationaux italiens et anglais, quand il s'agit d'entrer en possession, des difficultés que le bey ne mit pas beaucoup d'empressement à résoudre.

Ces sociétés avaient à Paris des amis puissants qui, aidés de l'influence de M. Roustan, réussirent à décider notre ministère à l'expédition de Tunisie. Ainsi, cette expédition a eu pour véritable objet non pas de sauvegarder un intérêt national quelconque, mais de favoriser les intérêts individuels de quelques financiers. L'incursion d'une petite bande de Khroumirs, à la date du 30 mars, sur notre territoire, n'a jamais été qu'un prétexte.

Après une campagne de trois ou quatre semaines,

durant laquelle nos troupes n'ont pour ainsi dire pas rencontré d'ennemis, nous avons imposé notre protectorat au bey. M. Roustan est devenu, en fait, le chef suprême de la Tunisie. Nos financiers ont été dans la jubilation, mais les sujets de la Régence se sont bientôt soulevés partout. Il nous a fallu mettre une seconde armée sur pied pour réduire la révolte. Sfax a été bombardé, Gabès occupé, mais l'effervescence, loin de se calmer, avait, aux dernières nouvelles, pris une nouvelle intensité.

Pendant ce temps, le fanatisme musulman s'est réveillé dans notre colonie africaine. Les Arabes, mal contenus par le prestige, nul à leurs yeux, d'un gouverneur civil, et surtout d'un gouverneur de l'incapacité de M. Albert Grévy, ont pris les armes contre nous, et, sous la conduite d'un chef hardi, de Bou-Amema, ont porté le massacre parmi nos colons. Il a fallu organiser une autre armée pour aller combattre l'insurrection, mais celle-ci n'a fait que grandir, elle a pris un développement formidable ; Bou-Amema, dont on était resté plusieurs jours sans entendre parler, vient de reparaître plus audacieux, plus redoutable que jamais, et de se signaler par un nouvel exploit à Aïn-Safra.

Qu'on ne s'y trompe pas ; c'est plus qu'un soulèvement ordinaire ; c'est la guerre, et une guerre longue, coûteuse, difficile, où nos soldats auront à lutter; non-seulement contre des peuplades nombreuses, fanatisées et très-aguerries, mais contre un climat des plus terribles.

Le gouvernement l'a bien compris ; il a senti qu'il allait être nécessaire d'expédier en Afrique des forces imposantes, de mobiliser peut-être plusieurs corps d'armée ; et c'est parce qu'il redoutait sur le pays l'effet de cette mobilisation qu'il a avancé l'époque des élections. Mais croit-il donc que le suffrage universel soit assez peu clairvoyant pour ne pas deviner le but d'une semblable manœuvre ?

C'est au suffrage universel qu'il appartient de juger une politique extérieure qui nous a conduits où nous en sommes ! C'est à lui de dire s'il approuve l'expédition de Tunisie, qui nous a mis à dos, non-seulement tout l'islamisme, mais plusieurs grandes puissances de l'Europe, l'Italie, l'Angleterre, l'Espagne et la Turquie, et nous a par cela même enlevé pour l'avenir des alliances précieuses sur lesquelles nous aurions eu quelque droit de compter. Elle nous a valu par contre, il est vrai, les félicitations et les encouragements de M. de Bismarck ; mais il n'y aura qu'un Français pour s'en montrer satisfait et fier : ce sera M. Barthélemy Saint-Hilaire, ministre républicain et courtisan obstiné des Allemands !

CONCLUSION.

Nous nous étions proposé d'examiner en détail la politique adoptée, durant ces quatre dernières années, par la majorité de la chambre et par le gouvernement issu de cette majorité.

Notre tâche est terminée.

Le moment approche où celle de l'électeur va commencer. Il est prévenu. Il sait où le conduisent les hommes qui détiennent aujourd'hui le pouvoir. S'il aime son pays, nous l'adjurons d'essayer de l'arracher à leur funeste domination, en repoussant partout les candidats républicains, aux cris de :

    VIVE LA PAIX !

    VIVE LA CONSERVATION SOCIALE !

    VIVE L'ÉCONOMIE !

    VIVE LA SAINE DÉMOCRATIE !

    VIVE LA LIBERTÉ !

———

Périgueux. — Imp. Dupont et C.